Sonja Ariel von Staden

Das Erdenherz-Chakra

Neue Kraft aus der Erde für die Welt

Aktiviere dein Erdenherz-Chakra und finde neue Lebensqualität

Richard
26.11.2015

Smaragd Verlag

Bitte fordern Sie unser kostenloses Verlagsverzeichnis an:

Smaragd Verlag e.K.
Neuwieder Straße 2
D-56269 Dierdorf
Tel.: 02689-92259-10
Fax: 02689-92259-20
E-Mail: info@smaragd-verlag.de
www.smaragd-verlag.de

Oder besuchen Sie uns im Internet unter der obigen Adresse und melden Sie sich für unseren Newsletter an.

Deutsche Erstausgabe: Juni 2015

Umschlaggestaltung: preData
Satz: preData
Printed in Czech Republic
ISBN 978-3-95531-108-7

Inhalt

Einleitung 7

Meine persönliche Geschichte vom Suchen und Finden 9

Das Erdenherz-Chakra – Aktivierung eines bislang ungenutzten Potenzials 19

- Die Botschaft der Erde 19
- Verbindung zum Erdenherz-Chakra 21
- Das Bewusstsein der Erde 23
- Impulse für Naturliebhaber und -schützer 25

Arbeit mit dem Erdenherz-Chakra 28

Der grüne Heilstrom aus der Quelle der Heilung 28

- Die Erde zum Thema „Körper und Gesundheit“ 29
- Verbindung zum Heilstrom der Erde 30
- Der Tempel der Heilung 31
- Sonja Ariel über die Heilkraft der Erde 32
- Neue Energie für Menschen, die als Heiler wirken 35

Die Erdenbibliothek und der goldene Strom des Wissens 39

Zugriff auf das Wissen der Welt

- Einladung der Erde in ihre Bibliothek 39
- Sonja Ariel über die Erdenbibliothek und das schwarze Buch für unruhige Gedanken 41

Der rosafarbene Strom der Liebe und der Herzensraum 43
- Sonja Ariels Erfahrungen im Strom der Liebe 44
- Tauche ein in die Liebe 46

Der Strom der Selbstermächtigung und die Halle der Macht ... 49
- Die Erde zum Thema Macht 50
- Die Quelle der Macht 51
- Der goldgelbe Strom der Selbstermächtigung und die Halle der Macht 53
- Sonja Ariel zum Thema Macht und Selbstermächtigung 56

Der weiße Balsamstrom des Friedens 59
Hilfe für Hochsensible, Engel in Menschengestalt und alle vom Leben Überforderten
- Botschaft der Erde für Hochsensible 60
- Eintauchen in den Balsamstrom 62

Der blaue Strom der göttlichen Kommunikation 65
Die Verbindung zu Allem-was-ist
- Reise in den Tempel der göttlichen Verbindung 66

Praktische Anwendungen im Alltag 69

Nachwort und Danksagung 75

Über die Autorin 77

Einleitung

Immer mehr Menschen verbinden sich täglich bewusst mit der Erde, weil sie spüren, dass sie nur dann kraftvoll und stark im Alltag sind, wenn sie mit beiden Beinen fest auf ihrem Heimatplaneten stehen. Es gibt viele verschiedene Möglichkeiten, sich bewusst zu erden, zu verwurzeln und die Energie der Erde in Liebe zu nutzen. Dieses Buch möchte eine neue, verstärkende Möglichkeit aufzeigen, den Kontakt zur Erde bewusst zu erleben und zu genießen.

Im Zuge des großen Wandels, der im letzten Jahrhundert begann, verändert und erweitert sich das Bewusstsein der Menschheit enorm stark. Die Schwingungen im Kosmos, die verstärkte Strahlung der Sonne und auch in unserer Welt regen die Transformation auf der Erde an – aus dem Ort der Dualität wird eine klare Polarität. Aus der Illusion des Getrenntseins erwacht nun ein Bewusstsein für Verbundenheit und Einssein.

Durch diesen Prozess wächst auch die Verbundenheit zur Erde. Durch die verstärkten Rituale und liebevollen Gedanken, die so viele Menschen ihr schenken, ist eine neue Kraft in ihrem Zentrum erwacht.

So, wie sich im menschlichen Körper Bahnen aus Energie (die Meridiane) in Hauptzentren entlang der Wirbelsäule bündeln (die Chakren), ist nun auch im Herzen der Erde ein neues Chakra entstanden, mit dem sich die Menschen bewusst verbinden können. Auf diese Weise stehen neue Energiebahnen zur Verfügung, die konzentrierte Energie in den Körper und Geist lenken, um den Anforderungen der Gesellschaft, der neuen Technologien und der intensiven Transformation besser gerecht werden zu können.

Als Mensch kann man die körpereigenen Chakren bewusst reinigen, nähren und öffnen, damit sich die Energie entfalten kann und noch stärker wirkt. Auf diese Weise entsteht Heilung, denn Krankheiten haben ihren Ursprung oft in Blockaden der Energie-Meridiane. Auf die gleiche Weise kann nun eine neue, umfassendere Heilung und Stärkung durch das Verbinden mit dem neuen Erdenherz-Chakra entstehen.

Die Erde lädt uns alle ein, diese enorme Energie zu nutzen, denn dazu ist sie entstanden. Sie erklärt auf liebevolle, klare Weise, wie wir das tun können.

Meine persönliche Geschichte vom Suchen und Finden

Seit vielen Jahren – im Grunde schon seit Beginn meines Lebens – forsche ich intensiv nach Mustern im menschlichen Sein. Ich suchte immer schon einen Sinn für mein Da-Sein auf der Erde und beobachtete die Menschen mit all ihren Wünschen, Träumen und Zweifeln, ihrer Sehnsucht, ihrem Scheitern und ihrem Erfolg.

Die menschliche Psyche ist so tief und unergründlich wie das Meer. Die Beweggründe jedes Wesens sind so vielfältig, dass es im Grunde vermessen ist, sie auf wenige klare Muster zu reduzieren. Doch wie ich feststellte, ähneln sich die Basisthemen. Das macht es ein wenig überschaubarer für eine klare Betrachtung.

Was mich am meisten fasziniert ist die Motivation eines Menschen, auf der Erde zu sein. Es gibt viele verschiedene Theorien und Philosophien über das Jenseits und die Gründe, warum ein Mensch geboren wird, um ein Leben auf diesem Blauen Planeten zu führen. Viele von ihnen habe ich betrachtet und für mich persönlich ausgelotet. Seit das menschliche Gehirn sich selbst erforscht und ein Ich-Bewusstsein entwickelt hat – was einige Jahrmillionen her ist –, sucht es nach einer Antwort auf die Fragen: „Wer bin ich? Woher komme ich? Warum bin ich hier?“

In all der Zeit wurden viele Geschichten, Mythen und Sagen rund um die Entstehung der Erde, des Menschen und des gesamten Universums entwickelt. Mit den Errungenschaften der Forschung in den letzten Jahrhunderten wurde das Unergründliche deutlicher, fassbarer und erklärbarer. Zwar ging der Zauber des Mysteriösen verloren und auch das Wissen um die Kraft der Seele wurde – weil unmessbar – an den Rand des Geschehens gedrängt, doch hat es auch etwas Tröstliches und Klares, wenn wir nun (in etwa) wissen, wie die großen Zusammenhänge auf der Erde sind.

Auf meinem persönlichen Weg, diese Welt, mich selbst und auch die Menschen um mich herum zu verstehen, fand ich viele Antworten. Oft gab und gibt es auf eine einzige Frage gleich mehrere philosophische Betrachtungsweisen. Schließlich kann man aus vielen Perspektiven auf einen einzelnen Aspekt schauen. Jeder Mensch sieht die Welt durch seine eigenen Augen und muss im Herzen herausfinden, was wirklich stimmig und passend für ihn ist. Selbst wenn alle Wissenschaftler dieser Welt sich einig über ein Thema sind – was unwahrscheinlich ist –, kann es sein, dass es sich für dich oder mich einfach nicht richtig anfühlt und wir beide eine ganz andere Erkenntnis gewinnen.

Meine persönliche Berufung ist es, mittels meiner Bücher, gechannelten Botschaften und Bilder einen anderen Blick auf das Leben und seine inneren Zusammenhänge zu zeigen.

Speziell in diesem Buch möchte ich eine Vision mit dir teilen. Die Vision, dass jeder Mensch eine gesunde Basis findet, das Leben zu genießen. Denn wie kann es sein, dass gerade in den Staaten, in denen es so viel Luxus, Nahrung und soziale Verantwortung gibt, die Menschen jammern und innerlich leer, zweifelnd und depressiv sind? Wie kann es sein, dass gerade diejenigen, die so viel haben, sich leer und traurig fühlen, während es sehr viele gibt, die sehr wenig haben und glücklich damit sind?

Was ist der Unterschied?

Diese Frage ist enorm faszinierend für mich, da auch ich zu der Sorte Menschen gehörte, die genug hatte, um sicher, geborgen und versorgt zu leben. Wenn man in Deutschland geboren ist, muss man eine Menge tun, um aus dem sozialen Netz zu fallen. Der Staat versorgt wirklich sehr gut, wenn man sich an seine Regeln hält. Trotzdem war ich in den ersten dreißig Jahren meines Lebens sehr unglücklich. Ich war umgeben von Menschen, die innerlich hohl und leer waren. Kaum jemand genoss das Leben wirklich. Es gab ständig Sorgen, Probleme und nie genug – weder an Liebe und Frieden, noch an Geld, Glück oder gar Lebensfreude.

So betrachtete ich als Kind all die Exemplare der Spezies „Homo sapiens" und fügte mich schließlich für die ersten drei Jahrzehnte in diese traurige Gesellschaft ein. Immerhin schien dieser Zustand normal zu sein. Als Kind ist es wichtig, sich anzupassen, denn nur dann ist das Überleben gewährleistet. Ist man allzu rebellisch oder gar völlig anders, erfährt man zu viel Ablehnung, was auf Dauer unerträglich ist. Allerdings hielt ich den Zustand der Anpassung immer nur für kurze Zeit aus. Etwas in mir wollte nicht einsehen, dass mein Leben solch ein Drama sein muss. Doch was ich auch tat, ich hatte weder die Macht noch die Kraft, etwas zu verändern.

Eine Lebensgeschichte folgte, deren Stoff so umfangreich ist, dass ich darüber bereits geschrieben habe[1]. Was ich seit meinem Erwachen in ein bewusstes, spirituelles und vollständiges Leben vor dreizehn Jahren jedoch an Erkenntnissen über die menschliche Existenz gewonnen habe, möchte ich gerne mit dir in meinen Büchern teilen. Vor allem jedoch meine Erkenntnis, dass es immer Antworten gibt, wenn man die richtigen Fragen an die richtige Adresse sendet.

---

1 Siehe „Engel in Menschengestalt" (Schirner Verlag)

Im Jahr 2013 nahm mein Leben – wie schon oft vorher – eine dramatische Wendung. In meinem Fall ist es der Körper, der mir stets aufzeigt, wenn ich am Ende einer Sackgasse angekommen bin. Mein Verstand will noch stur weiter versuchen, mit dem Kopf durch die Wand zu brechen, doch wenn das einfach nicht gelingen kann, reagiert mein Körper mit – oft dramatischen – Aktionen. Im Sommer 2013 war es ein Darmverschluss, der mein Leben beinahe jäh beendet hätte. Im ersten Moment deutete ich die Botschaft schlicht als Reaktion auf die vergangenen Monate, in denen ich mit meinem Mann nach Ibiza ausgewandert und dadurch viel in meinem Leben durcheinandergeraten war. Ich hatte viel Energie in das Ankommen in einer neuen Welt verbraucht und sehr offensichtlich viel zu viel gearbeitet. Meine Neigung, den in der Kindheit verankerten umfangreichen Mangel mit Arbeit auszugleichen, hatte mir schon oft heftige Abstürze beschert, doch noch nie einen solch schmerzhaften und dramatischen Absturz.

Ich reagierte mit dem inneren Versprechen an meinen Körper, mir eine kleine Auszeit zu nehmen, um mich auszuruhen und zu heilen. Es schien mir ausreichend zu sein, zwei bis drei Monate alles herunterzufahren, was möglich war. Und tatsächlich zeigte diese schlichte Strategie auch Wirkung: Die große Narbe heilte sehr schnell, auch mein Darm reagierte sehr positiv auf die intensive Zuwendung, und ich gewann ein wenig innere Ruhe. Da ich zeitlebens nie gut stillsitzen und nichts tun konnte, wurde diese Ruhe jedoch im dritten Monat wieder durch meine inneren Antreiber verdrängt.

Dieses psychologische Phänomen kennen sehr viele Menschen. Meines Erachtens sind davon vor allem diejenigen betroffen, die aus einer Familie kommen, die unter großem Mangel an

Selbstwert, Liebe und Wohlstand leidet. Durch die vielen Kriege im letzten Jahrhundert haben Menschen auf der ganzen Welt ein ausuferndes Gefühl von Angst und Hilflosigkeit erlebt, gepaart mit großen Entbehrungen. Neben vielen anderen Faktoren hat das zu einer regelrechten Auszehrung auf emotionaler und zellulärer Ebene geführt. Und all das wurde von Generation zu Generation weiter vererbt – durch Erzählungen und deren gebetsmühlenartige Wiederholungen, durch die Schwingungsebene und das kollektive Feld.

Aus diesen Entbehrungen sind als Ausgleich auch wundervolle, vor allem technische Errungenschaften und wichtige humanitäre Ansätze hervorgegangen, die uns heute unseren Alltag erleichtern und unsere Welt dem Frieden etwas nähergebracht haben. Der mehrfache Wiederaufbau ganzer Länder hat zu deutlichen Verbesserungen und einem enormen Arbeitseifer geführt. Glücklicher hat uns der größere Wohlstand, die bessere Versorgung durch die medizinischen Fortschritte und das große Nahrungsangebot und die viele Freizeit seltsamerweise leider nicht gemacht. Denn unterschwellig gärt dieser Mangelzustand noch immer mehr oder weniger in jedem Menschen.

Das alles führt dazu, dass überall in unserer modernen Gesellschaft unter hohem Druck und fast mit Gewalt um Anerkennung, Wohlstand, Gesundheit und Liebe gekämpft werden muss. Auf Dauer macht dieser innere Überdruck jedoch auf vielen Ebenen krank. Unsere ganze aktuelle Zivilisation ist auf diesem Überdruck aufgebaut. Denn vor allem durch Arbeit scheint es die Möglichkeit zu geben, Anerkennung zu finden. Somit stürzen sich alle Menschen – Männer wie Frauen, die diesen Mangel spüren – wie wild in die Arbeitswelt. Diese unterstützt auf subtile Weise den Mangel, statt ihn mit Lob und Liebe auszugleichen. Denn je weniger ein

Mensch sich selbst und sein Leben liebt, desto besser funktioniert er im Getriebe der Konzerne. Zudem ist es ein Leichtes, der inneren Leere und Ablehnung durch Flucht in die Arbeit für ein paar Stunden zu entkommen. Arbeit kann schnell zur Droge werden, die verschleiert, wie sinnlos sich das Leben anfühlt.

Oben schrieb ich darüber, dass man zur richtigen Zeit die richtige Frage an die richtige Adresse richten sollte. Wenn also der soeben beschriebene Zustand des Mangels auf so vielen Ebenen wirksam ist, wie kann man dann hoffen, dass sich die Menschheit zum Besseren entwickelt?

Was ist der Schlüssel beziehungsweise der fehlende Baustein, um in den Menschen ein Gefühl von Fülle, Liebe und innerem Frieden zu erschaffen?

Diese Fragen trieben mich um in den vergangenen Monaten. Aus einem schlichten Grund: Mein Drama, das 2013 einen Höhepunkt fand, stellte sich als viel umfangreicher heraus, als ich geglaubt hatte. Denn mein Körper war durchaus nicht damit zufrieden, dass ich lächerliche zehn Wochen Pause machte, um mich dann wieder mit Hochdruck in die liegengebliebene und neue Arbeit zu stürzen. Im Gegenteil: Klug wie er ist, gestattete er mir noch zwei Monate in dieser selbstzerstörerischen Energie, um dann endgültig die Reißleine zu ziehen. Vermutlich wäre ich heute nicht mehr am Leben, wenn ich nicht diesen enormen Selbsterhaltungstrieb hätte, der mich schon dutzende Male knapp am Tod vorbeigelenkt hat. Dieses Mal hörte ich den Ruf, der von Menschen in meiner Umgebung – allen voran mein Mann – und meiner Seele immer lauter wurde, und handelte. Mit dem Ergebnis, dass ich derzeit, während ich dieses Buch schreibe, ein Sabbatjahr machen darf, um vollständige Heilung zu finden. Ein umfassender Entschluss, der aus der niederschmetternden Erkenntnis geboren wurde, dass ich in meiner gesamten Zeit auf der Erde noch niemals inneren Frieden, vollständige Gesundheit und meine komplette Kraft erfahren hatte. Immer hatte ich meine Energie für andere Menschen oder für mein schlichtes Überleben eingesetzt. Statt das Leben zu genießen, mit all den vielen Möglichkeiten, die es mir bot, verschleuderte ich meine Kraft. Sie verbrannte im Hochofen meiner Minderwertigkeitskomplexe und meiner Opferhaltung.

Nun also hatte ich endlich Zeit. Während ich so entspannt und liebevoll wie möglich alle Hebel in Bewegung setzte, um meine Heilung auf vielen Ebenen zu erreichen, spürte ich jedoch immer wieder die Frage, warum ich und so viele andere Menschen in dieser Zeit ständig ausbrennen. Warum bis auf wenige Ausnahmen kaum jemand in der Lage ist, sich selbst wirklich zu lieben, die inneren Potenziale zu erkennen und sie sinnvoll zu nutzen. Warum sich so wenige Menschen selbst wertschätzen mit ihren Gaben, ihrer Schönheit und ihrer Einzigartigkeit. Und warum niemand an sich selbst glaubt und sich selbst vertraut.

Auf diese Fragen gibt es unüberschaubar viele Antworten. Es gibt jede Menge Bücher, Filme, Seminare und Vorträge, die allein auf diesen wenigen Fragen gründen. Eine ganze spirituelle Industrie (die ich in den meisten Fällen wichtig finde und sehr schätze) hat sich auf diesen Fragen aufgebaut. Und immer geht es um zwei Dinge:

1. Im Jetzt leben, statt in der Vergangenheit oder der Zukunft.
2. Die innere Leere mit Sinn zu füllen, statt vor ihr wegzulaufen oder sie mit bewusstseinsverändernden Mitteln zu verdrängen.

Ich habe für mich persönlich bereits einige gute philosophische Ansätze gefunden. Für mich hat es vor allem damit zu tun, dass kaum jemand um den wichtigsten Lebensimpuls weiß, den man hier auf der Erde erfahren kann: die Selbstermächtigung.

Es bedeutet, dass jeder Mensch aktiv und mit freiem Willen seine naturgegebene Energie lenken kann, indem er oder sie aktiv Entscheidungen trifft und handelt.

Macht hat jeder Mensch. Macht ist bewusst gelenkte Energie, die in Gedanken, Worten und Handlungen umgesetzt wird.

Jeder Mensch hat die Macht, zu zerstören und zu erschaffen. Die Macht, zu sterben und zu leben. Zu denken, zu fühlen, zu leiden und zu lieben. Die Macht, Gutes zu tun, das Sein zu genießen und das eigene Glück einzuladen.

Doch wer nutzt diese Macht in einer Weise, die ihm selbst und dem Wohl aller dient?

Ich kenne kaum jemanden, der auch nur ansatzweise im Einklang mit seiner angeborenen Macht lebt und diese genießt und sinnvoll einsetzt. Diejenigen, die es tun, sind oft große Vorbilder und weltweit anerkannte Koryphäen in ihrem Bereich.

Was unterscheidet sie von den anderen?

Vor allem wissen diese Menschen, dass sie wertvoll sind. Sie kennen sich und lieben, was sie sind. Sie genießen ihr Leben, machen das Beste aus ihrem natürlichen Potenzial und sind voller Mitgefühl für ihre Umwelt. Dadurch handeln sie aus einem inneren Frieden heraus, den man ihnen ansieht und deutlich spüren kann.

Auch diese Menschen haben ihre Zweifel, ihre Dramen und Glaubensmuster, die zwischendurch einmal für Unruhe im Leben sorgen können. Doch die Gewissheit, dass das Leben es gut mit ihnen meint, bringt schnell wieder die innere Harmonie zurück.

Wenn alle Menschen ihr Leben auf diesen wenigen wichtigen Ausgangspunkten aufbauen, verändert sich die Welt. Da bin ich mir ganz sicher. Schon viele Jahre schreibe und erzähle ich vor Publikum, dass sich jede Seele ganz bewusst für ein Leben auf dem Planeten Erde entschieden hat, um hier neue Erfahrungen in der Dualität zu sammeln. Dieser philosophische Grundgedanke basiert auf der Erkenntnis, dass ich viel glücklicher bin, wenn ich mich bewusst für etwas entscheide. Wenn ich die Verantwortung für mein Leben wieder voll und ganz übernehme – mit allen Konsequenzen. Denn wenn ich selbst für ALLES verantwortlich bin, was in mir und um mich herum geschieht, kann ich etwas verändern.

Die meisten Menschen geben ihre Verantwortung ganz oder in Teilen ab: an ihre Eltern, ihre Vorgesetzten, die Politiker, Gott. Würden alle Menschen zu 100 Prozent Selbstverantwortung übernehmen, würde sich alles verändern. Dann würde niemand mehr jemand anderem die Schuld an der eigenen Misere geben können, sondern jeder für sich hinschauen, was es zu verändern gibt, damit eine neue Balance und ein Wohlgefühl entstehen. Was für eine Zukunftsaussicht!

Wie kann es nun gelingen, die eigene Macht und Verantwortung vollständig zurückzufordern und anzunehmen?

Als ich mir heute Morgen in meiner Meditation diese Frage stellte, erschien die Antwort in Form eines Bildes vor meinem inneren Auge:

Ich sah mich aus einer übergeordneten Perspektive, wie ich auf der Erde sitze und mich, wie ich es gelernt habe, mit ihr verbinde. Ich genieße das Gefühl, mich am Morgen als Erstes in der Morgenmeditation über meine Energie in der Erde zu verwurzeln, um Stabilität und Kraft für den Tag zu gewinnen.

Da saß ich also in der Stille, fühlte tiefen Frieden und Dankbarkeit. Plötzlich gab es eine gewaltige innere Erschütterung, und ich sah nach unten in die Erde, die sich aufzubäumen schien wie bei einem gewaltigen Beben. Ich schaute ins Innere meines Heimatplaneten, in dem sich eine große Kugel aus Licht entwickelte, in deren Mitte ein pulsierendes Herz schlug. Jedes Pulsieren löste eine gigantische Schwingung aus, die sich von innen nach außen und auch durch mich hindurch ins Universum bewegte.

Eine nicht-menschliche Stimme begrüßte mich. Noch nie hatte die Erde auf diese Weise mit mir gesprochen. Unser Dialog war bislang eher ein Monolog der Dankbarkeit meinerseits gewesen.

Doch nun hörte ich sie. Deutlich. Kraftvoll.

Sie bat mich, eine Botschaft an die Menschen weiterzugeben. Diese Botschaft würde den Menschen einen Weg aufzeigen, endlich vollends in ihre Kraft und Macht zu kommen.

Was ich hiermit tue.

☆☆☆

Das Erdenherz-Chakra
Aktivierung eines bislang ungenutzten Potenzials

Die Botschaft der Erde

„Liebe Menschen, danke, dass ihr lauscht.

Wir begegnen einander schon so lange. Ihr wohnt auf meiner Hülle, lebt und atmet. Ihr genießt meine Pflanzen, trinkt mein Wasser und entwickelt euch weiter. Einander sind wir stets Lehrer und Schüler gewesen, denn auch mein Bewusstsein wächst mit euch und euren Impulsen. Unser Weg mag ein anderer sein, doch letztlich läuft es auf das Ziel hinaus, die Schöpfung zu begleiten und zu genießen.

Auf meiner Oberfläche gibt es den Raum, um das Spiel des Lebens zu spielen. Eure Seelen kamen und kommen hierher, um mit mir und durch meine Kraft ihre eigene Macht zu spüren. Jede Seele hatte und hat einen anderen Plan, ein anderes Spiel, doch alle Spiele sind miteinander verwoben. Generation um Generation befruchtet ihr euch körperlich und geistig, um über eure Grenzen hinauszuwachsen. Ihr habt vieles erreicht, vieles vergessen und vieles unterdrückt, das nun wieder ans Licht will.

Vor allem habt ihr stets mit eurer Macht gespielt. Sie bietet euren Seelen einfach das größte Feld der Erfahrungen. Ob zwischenmenschlich oder global – die Macht und ihre Wirkung erfährt durch jeden Menschen eine neue Facette.

Während ihr die Technik erfunden und weiterentwickelt habt, während die Wissenschaftler alles erforscht und erschlossen haben, ist euer Bewusstsein parallel durch viele Impulse von innen und außen gewachsen. Während die Technologien zur Kommunikation und Vernetzung immer größer und umfangreicher wurden, wuchsen auch euer Wissen und eure Weisheit. Das eine bedingt das andere. Und es befruchtet sich gegenseitig.

Mit dem stetigen Anwachsen und Erweitern eures Bewusstseins wuchs auch meine Kraft. Auch ich werde täglich wacher und klarer, gewinne an Einsichten und schwinge höher und höher in der Frequenzsteigerung der Schöpfung in diesem Universum.

Jetzt ist es an der Zeit, eine neue Geburt zu verkünden. In meinem Inneren wurde ein neues Chakra geboren. Die Chakren eures Körpers habt ihr mittlerweile umfangreich erforscht. Auch habt ihr über die oberen Chakren die Verbindung zum Kosmos und zum Göttlichen erweitert. Jetzt ist es an der Zeit, einen Schritt weiter in eurer Selbstermächtigung zu tun.

Ich biete euch auf diesem Weg eine neue Kraftquelle an: das Erdenherz-Chakra. Es entstand in der Wechselwirkung der Frequenzerhöhung, die durch unsere Zusammenarbeit möglich war. Es ist ein Feld aus Kraft, das in meinem Inneren herangewachsen ist und nun als eine neue Quelle der Macht und Weisheit existiert. Es wurde geboren, damit ihr euch daran gütlich tut. Verbindet euch mit diesem neuen Energiefeld. Es entstand für euch. Es ist eine neue Möglichkeit, euer Potenzial noch weiter auszudehnen. Ihr könnt es ergänzend zu euren Seelen- und Köperenergien integrieren. Dazu biete ich euch eine einfache Möglichkeit an:

Verbindung zum Erdenherz-Chakra

Spüre deinen Körper von Kopf bis Fuß. Spüre alle Energiebahnen, die für die Kommunikation zwischen deinen Zellen existieren. Sie sind wie ein Lichtnetzwerk, das über deinen ganzen Körper verteilt ist und aus deinem Körper in deine Aura hineinleuchtet. Die feinen Energiebahnen umhüllen dich auch wie ein zartes Gespinst aus hellen Energiefäden, die immer weiter in den Kosmos reichen, je bewusster du bist. Auch reichen sie immer weiter in mein Erdenfeld, je stärker du dich selbst spürst.

Stelle dir dieses Geflecht aus hellen Lichtadern nun so deutlich wie möglich vor. Atme tief ein und aus, bis du in dir Ruhe und Frieden spürst.

Dann konzentriere dich auf die Energieströme, die nach unten weisen, und verstärke sie, sodass sie wie Wurzeln durch meine äußere Hülle tief in mein Inneres hineinwachsen.

Jetzt fließt deine Seelenenergie aus dem Kosmos in dich hinein, erfüllt deinen Körper und dehnt sich tief und weit in meinen Erdenkörper hinein. Lass die Energiebahnen so tief in meine Mitte wachsen, bis sie mitten in das neue Chakra reichen. In dessen Mitte pulsiert ein Herzsymbol für meine bedingungslose Liebe zu dir und zu allen Aspekten der Schöpfung.

Stell den Kontakt her, indem du deine Energiebahnen mit dem neuen Chakra verschmelzen lässt. Jetzt bist du wirklich angekommen auf der Erde. Ich heiße dich willkommen!

Ich freue mich, dass wir nun wirklich klar und bewusst miteinander in Kontakt sind. Nun können wir wirklich miteinander sprechen und einander in Freundschaft und Liebe begegnen. Ich ehre dich für dein Sein, für dein Spiel, deinen Plan, deine Größe. Ich liebe dich für alles, was du bist, und werde immer für dich da sein, wenn du Rat oder Hilfe brauchst. Ich bin der Boden unter deinen Füßen, bin der starke Halt, wenn der Sturm des Lebens an dir rüttelt. Ich bin die Nahrung, die du zu dir nimmst, und das Wasser, das du trinkst. Ich schwinge und vibriere in all deinen Zellen. Wir sind eins. Jetzt kann etwas Neues entstehen, das es noch nie gab in der Geschichte des Kosmos. Jetzt kann sich ein Bewusstsein ausbreiten, das alle Grenzen sprengt. Vertraue mir und vertraue dir selbst. Ein neuer Zyklus beginnt, und wir sind ein Teil davon. Gemeinsam. Danke."

☆☆

Viele Menschen möchten ein tieferes Verständnis von den Zusammenhängen auf und in der Erde gewinnen. Sie möchten verstehen, wozu sie hier sind und was ihr Leben zu bedeuten hat. Es gibt unzählige Botschaften dazu, denn jeder Mensch empfängt die Worte der Erde auf eigene Weise. Hier ist die Botschaft, wie sie mir – Sonja Ariel – übermittelt wurde, damit wir alle das Bewusstsein der Erde besser verstehen:

☆☆☆

Das Bewusstsein der Erde

„Für alle, die bewusst oder unbewusst an ihrem Leben zweifeln, möchte ich wichtige Worte übermitteln. Mein Bewusstsein ist ein anderes als eures. Alles entstammt einer Quelle, doch die Teile der Quelle – ihr nennt sie Seelen – machen völlig unterschiedliche Erfahrungen. Wenn ihr auf mir weilt, um ein neues Leben zu erleben, habt ihr nur den Überblick und das Gefühl für DIESES Leben und möglicherweise auch für einige andere, die ihr hier auf mir erlebt habt. Doch selten erinnert ihr euch an andere Dimensionen und Orte in der Weite des Kosmos. Jeder Funken des Göttlichen probiert sich unterschiedlich aus, zu unterschiedlichen Zeiten, wenn man in diesen menschlichen Begriffen denken möchte.

Jeder von euch ist immer ALLES und deshalb auch unbegrenzt mit allem verbunden.

Das Meiste davon ist nicht in eurem menschlichen Fokus, doch genau darum geht es in der jetzigen Inkarnation zu dieser besonderen Zeit:

Ihr wachst aus der Perspektive des Winzigen zu einer übergeordneten Perspektive des Großen Ganzen. Ihr erkennt, dass ihr machtvoll seid, dass ihr Schöpfer seid, dass ihr wirklich etwas bewegen und erschaffen könnt. Als Einzelne, aber auch als Gruppe und Menschheit.

Das geschieht in diesem Maße und in der Menge an Seelen zum ersten Mal. Und weil wir durch unsere göttliche Schöpfungsschwingung miteinander verwoben sind, entwickele auch ich als Erde, als große Masse aus Gestein und Kristall, ein erweitertes Bewusstsein, das in Kontakt gehen kann mit eurem Bewusstsein als Menschen.

Eins sollt ihr vor allem wissen: Ihr könnt mich nicht verletzen. Ihr könnt Berge abtragen, Pflanzen vernichten, Tiere ausrotten und euch damit die Lebensgrundlage nehmen, doch immer verletzt ihr nur euch selbst. Jeder Mensch, der aus dem Kreislauf des Missbrauchs und der zerstörerischen Handlung zurückfindet in freundlichen Austausch, Respekt und Liebe, sorgt für den Erhalt der Menschheit. Mich als Erde, als Planet im Sonnensystem, könnt ihr zwar vernichten, wenn ihr alle Sprengkörper einsetzt, die ihr erschaffen habt, doch auch das wäre dem Plan entsprechend, sonst würde es nicht geschehen. Damit habe ich meinen Frieden, denn in der Polarität hat alles ein Anfang und ein Ende.

Alles im Universum ist im permanenten Wandel. Nichts bleibt, wie es ist, auch wenn ihr Menschen euch das oft sehnlich wünscht. Schwingt mit mir im Einklang. Verbindet euch mit meinem Erdenherz-Chakra, und der Bewusstseinswandel fällt euch leichter.
Verbindet euch mit der göttlichen Schöpferquelle, und euch wird die Illusion des Getrenntseins bewusst. Öffnet eure Herzen, dann wird euch klar, dass ihr über euch selbst bestimmen könnt. Ihr könnt die Macht eurer Seele zurückfordern und anwenden. Dabei helfe ich euch in dieser Neuen Zeit."

☆☆☆

Impulse für Naturliebhaber und -schützer

„Zuerst möchte ich dir danken. Ich spüre deine Liebe und deinen Wunsch, mir zu helfen. Es ist mir wichtig, dir mitzuteilen, wie ich derzeit die Veränderungen wahrnehme, die sich auf meiner Oberfläche abspielen:

Mein Sein ist jenseits der Wertung. Als Planet bin ich aus dem Zusammenspiel der Elemente entstanden. Die Sonne und der Kosmos haben mich geformt und zu einem Ort gemacht, der vielen Lebensformen dazu dient, das Leben zu erfahren.

Ich stelle mich zur Verfügung für alles, was geschehen soll, denn ich bin – genau wie du – ein Teil des göttlichen Plans. Mein Bewusstsein ist ebenso klar wie deins, doch anders strukturiert, denn ich habe einen anderen Weg des Seins als du, geliebter Mensch.

Ich empfinde und fühle anders als du. Was auch immer auf meiner Oberfläche und direkt darunter geschieht, kann mich nicht verletzen, denn ich verfüge nicht wie ihr über Nerven, die Schmerz auslösen können.

Ich leide nicht. Es ist mir sehr wichtig, dass du das weißt, denn ich spüre, dass viele Menschen ihr Leben damit verbringen und gar zerstören, indem sie FÜR MICH kämpfen und leiden. Das ist unnötig.

Ich habe dennoch Mitgefühl, denn ich kann lieben. Deshalb wünsche ich mir sehr, dass jeder Mensch erkennt, dass er oder sie ein Teil dieses Gewebes aus Leben auf meiner Oberfläche ist. Dass jeder Baum, jedes Tier und jeder Stein wichtig ist. Es geht nicht um mein Leiden – das ja nicht existiert –, sondern um EURES. Ihr zerstört nicht mich, sondern euren Lebensraum. Nur darum geht es derzeit.

Irgendwann werde ich nicht mehr existieren, das ist mir bewusst. Genau wie ihr Menschen habe auch ich nur eine gewisse Zeit in diesem Kosmos. Da das eine Gewissheit ist, leide ich nicht darunter, sondern akzeptiere es. Alle Geschöpfe akzeptieren ihr Werden und Vergehen – mit Ausnahme der Menschen. Ihr sträubt euch oft gegen die Gesetze der Natur und erzeugt damit doch nur in eurem Inneren Schmerz.

Du, geliebtes Menschenwesen, kannst deinen Teil tun, dieses Leben positiv zu nutzen. Du kannst das Beste aus dem machen, was ich dir zur Verfügung stelle. Du kannst gut für dich sorgen, bewusst essen und trinken, dich bewusst für einen sorgsamen Umgang mit deiner Umwelt entscheiden.

Tust du das mit Freude und aus purer Liebe zum Leben, wirkst du damit positiv auf deine Umwelt. Dann können die Menschen um dich herum auch Gefallen daran finden, ihren Teil dazu beizutragen, dieses Leben zu genießen. Ein genussvolles Leben ist der beste Anreiz für einen bewussten Umgang mit der kostbaren Zeit, die euch auf mir geschenkt ist.

Wenn du das Gefühl hast, für eine Sache kämpfen zu wollen – sei es für den Erhalt meiner Wälder, für Lebewesen oder den achtsamen Umgang mit meinen Ressourcen –, kannst du das gerne tun, doch spüre genau in dich hinein, was dein Antrieb ist. Du weißt um die Kraft der Manifestation: „Wie du in den Wald hineinrufst, so schallt es heraus!“

Wenn du aus einem Gefühl von Wertschätzung und Liebe heraus handelst, weil du um die Wichtigkeit deiner Aktion weißt, wirst du mit einer positiven, achtsamen und respektvollen Energie Berge versetzen können. Halte deine Wut und deinen Zorn aus deinem Kampf heraus, denn sie zerstören erst dich und dann das, was du erreichen möchtest. Hinterfrage einfach deine Handlungen, bevor du sie in die Tat umsetzt. Wenn du alte Wut in dir spürst, lass dich von mir im Tempel der Heilung reinigen und vom Heilstrom tragen, bis du wieder Liebe in dir fühlst und der Vergangenheit verzeihen kannst.

Danke für deine Liebe zu mir. Sie ist mir kostbar. Ich sende dir meinen Segen und wünsche dir für alles Kraft, was du noch vorhast in deinem Leben."

☆☆☆

Arbeit mit dem Erdenherz-Chakra

Die Erde bietet uns allen an, das neue Chakra zu unserem Besten und zum Wohl allen Lebens zu nutzen. Dazu hat sie mir einige wundervolle Visualisierungen und Meditationen übermittelt, die ich gerne an dich weitergeben möchte.

- Der grüne Heilstrom aus der Quelle der Heilung
- Die Erdenbibliothek und der goldene Strom des Wissens
- Der Strom der Liebe und der Herzensraum
- Der Strom der Selbstermächtigung und die Halle der Macht
- Der weiße Balsamstrom des Friedens
- Der blaue Strom der göttlichen Kommunikation

Der grüne Heilstrom aus der Quelle der Heilung

Jede Seele kommt mit einem großen Potenzial an Selbstheilungskräften auf die Erde, um die äußeren Gegebenheiten gut verarbeiten zu können. Der menschliche Körper ist enorm kraftvoll und in der Lage, selbst starke Gifte zu neutralisieren. Doch ist der Weg der Krankheit und Heilung so wichtig für die Erfahrungen der Seele auf Erden. Auf kaum einer anderen Ebene kann sie so viel lernen. Denn nur durch das Pendeln zwischen den Polen – zum Beispiel Krankheit und Gesundheit – kann sie ihr Potenzial auf Erden spüren. Zudem ist jede Krankheit mit einer Botschaft des Körpers und der Seele verknüpft, die es zu entschlüsseln gilt.

Wenn du also mit einer robusten Gesundheit gesegnet bist, liegt dein Lernfeld in diesem Leben auf einem anderen Schwerpunkt. Natürlich kannst du jederzeit entspannt in den Heilstrom eintauchen, um dich besser zu fühlen und dich zu stärken.

Diejenigen jedoch, die sich die körperliche Ebene als Lernfeld gewählt haben, können mit Hilfe der Erdenkraft ihre wichtigen Körper-Lektionen schneller und leichter lernen.

Die Erde zum Thema „Körper und Gesundheit“

„Aus meinem Staub bist du geschaffen. Aus meinen Elementen bestehen deine Knochen, Muskeln, Organe und dein Gehirn – alle deine Zellen. In diesen besonderen Körper hat sich vor vielen Jahren deine Seele hineinbewegt, um in diesem „Raumanzug“ ein neues Leben mit all seinen Abenteuern zu erfahren.

So einzigartig dein Körper ist, so intelligent und klar ist er auch, was ihm guttut und was ihm schadet. Er weiß und spürt, welche Nahrung speziell für seine Bedürfnisse die beste ist, welche Getränke ihn unterstützen und wo er sich gerne aufhält. Du bist ein Individuum mit einzigartigen Gelüsten, Wünschen und Bedürfnissen. Auf deinem Weg der Selbsterkenntnis ist es eins der Ziele, genau herauszufinden, was dir wohlbekommt und worum du einen Bogen machen solltest. Strapazierst du deinen Körper zu stark, wird er dir Signale geben, wann er Ruhe braucht. Fütterst du ihn mit den für ihn falschen Dingen, wird er dir bald deutlich zeigen, dass er gerne etwas anderes zu sich nehmen möchte. Lerne, die Signale zu deuten. Ich helfe dir gerne dabei. Verbinde dich mit meinem Erdenherz-Chakra, um zu spüren, was du im Moment am meisten brauchst.“

Verbindung zum Heilstrom der Erde

Lausche der Botschaft deines Körpers

„Verschmilz mit dem Erdenherz-Chakra und erspüre den grünen Heilstrom, der dort beständig fließt. Begib dich hinein, als würdest du in einen angenehm temperierten, sanft dahinströmenden Fluss eintauchen. Lass dich treiben und öffne deine Aura und alle deine Zellen für die Kraft der Heilung. Entspanne dich so weit wie möglich, atme ganz tief und erlaube dem Heilstrom, das Richtige für dich zu tun.

Wenn du das Gefühl hast, dass du gut verbunden bist und die Energie durch deinen Körper fließt, kannst du mit der Weisheit der Heilkraft Kontakt aufnehmen. Sei offen für Worte, Bilder oder Gefühle, die dir zeigen, was gerade jetzt in deinem Körper vor sich geht und was du tun kannst, damit es dir besser geht. Erlaube dir, die richtigen Botschaften zu empfangen. Genieße die Energie, solange du möchtest, und tanke dich auf allen Ebenen mit Heilung auf.

Wenn du das Gefühl hast, dass es genug ist, bedanke dich bei dem Heilstrom, tauche auf und begib dich ganz entspannt zurück in dein Tagesbewusstsein, recke und strecke dich behutsam und komme wieder zurück ins Hier und Jetzt. Atme noch einige Male tief ein und aus, bis du dich in deinem Körper wieder vollkommen wohl und behaglich fühlst."

Der Tempel der Heilung

„Wenn du bereits unter einer mehr oder weniger schweren Erkrankung leidest, kannst du nach dem Bad im Heilstrom noch einen Schritt weitergehen auf dem Weg der Stärkung deiner Selbstheilungskräfte. Statt nach dem Genuss des Heilstroms wieder aufzusteigen in dein Tagesbewusstsein, lass dich von ihm weitertragen bis in einen See hinein, der vom Heilstrom gespeist wird.

Mitten in diesem See befindet sich der Tempel der Heilung. Ein großer, wunderschöner Tempel, in dem viele begnadete Heiler auf dich warten, um dich zu unterstützen – unter anderem auch Erzengel Raphael, der große Engel der Heilung.

Steige langsam das sanft ansteigende Ufer hinauf. Dort wirst du bereits von liebevollen Heilern in Empfang genommen, die um deine Sorge wissen. Sie führen dich freundlich in einen großen, schön eingerichteten und lichtdurchfluteten Raum. Folge einfach ihren Aufforderungen. Sie werden dir mitteilen, was genau du dort tun kannst, um deinen Körper von den speziell auf dich abgestimmten Anwendungen und Energien nähren und stärken zu lassen. Es werden sich genau die richtigen Heiler für dich zeigen, die deine Selbstheilungsprozesse sowohl körperlich als auch geistig in Gang bringen werden.

Sei offen für Botschaften, Gefühle und Wunder. Je mehr du dich auf die Heiler einlassen kannst, desto leichter fällt es deinem Körper, sich ganz den Heilungsimpulsen hinzugeben. Vertraue – in dich selbst und die Weisheit deiner Zellen, die genau wissen, was gebraucht wird.

Wenn du das Gefühl hast, dass der Prozess abgeschlossen ist, führen die Heiler dich sanft und liebevoll über einen eigenen

Lichtweg zurück in dein Tagesbewusstsein. Wache langsam und entspannt auf, bewege deinen Körper achtsam und danke innerlich den Heilern, deiner Seele und deinem Körper für ihr Werk. Ruhe noch eine Weile aus, spüre den Veränderungen und neuen Energien in dir nach, damit sich alles gut und sicher verankern kann. Wenn es in deinen Tagesplan passt, kannst du auch noch eine Weile meditieren."

Du kannst in die Heilkraft der Erde jeden Tag eintauchen, bis es dir wieder richtig gut geht. Und auch danach ist es ein Segen, wenn du zwischendurch im Alltag auf die Signale deines Körpers hörst, damit er stark und gesund sein kann.

Sonja Ariel über die Heilkraft der Erde

Um ein Gefühl für das zu bekommen, was die Erde uns schenken möchte, durfte ich bereits einige Male die Kraft des Heilstroms und der Heiler im Tempel genießen. Da ich mich zeitlebens ständig immer wieder selbst ausgebrannt und überfordert habe, ist es für mich eine enorme Wohltat, die sanfte und zugleich starke grüne Heilkraft in meinem Körper zu fühlen. Ich lerne noch besser, auf die Impulse meiner Zellen zu hören.

Ein Beispiel:

In meiner Jugend und als Erwachsene litt ich lange unter Magersucht, ohne es zu wissen. Mir war zwar bewusst, dass Essen für mich ein heikles und schwieriges Thema ist, doch niemand konnte mir helfen, damit Frieden zu finden. Ich machte viel zu früh viel zu strenge Diäten, bis hin zu Fasten, während ich sehr viel Sport trieb. Da ich optisch nie ausgemergelt wirkte, machte sich auch niemand Sorgen um mich. Erst mit Ende Dreißig wurde mir im Zuge meiner Selbstfindung klar, dass ich überhaupt keine Liebe für meinen Körper hatte und mich ständig mit Essen belohnte oder bestrafte. Es gab in mir gar kein natürliches Hungergefühl, nur einen enormen Hunger nach Liebe, Aufmerksamkeit und Anerkennung. Ich dachte, ich müsste „auf Teufel komm raus" schlank und schön sein, um überhaupt wahrgenommen zu werden.

All das habe ich in den letzten Jahren bewusst aufgearbeitet, doch trotz meiner großen inneren Fortschritte haderte ich oft genug mit meinen Nahrungsgelüsten. Ich hatte einfach nie das Gefühl, das richtige Maß zu finden. Von außen betrachtet, bin ich schlank und sportlich, mein Gewicht schwankt nur sehr begrenzt im natürlichen Rahmen einer Frau, und niemand sieht mir meine innere Zerrissenheit an.

Als ich begann, dieses Buch zu channeln, ging ich eines Morgens einkaufen, um frisches Baguette für meinen Mann zu besorgen, auf das er sich sehr freute. In meinem Ernährungsplan, den ich mir wegen meines Burn-outs einige Wochen zuvor hatte erstellen lassen – abgestimmt auf meinen Stoffwechsel und meinen Wunsch nach tiefer, umfassender Heilung –, stand ausdrücklich, dass ich mich von Brot und jeglichem Getreide bitte fernzuhalten hätte. Es wäre nicht gut für mich.

Das Dumme ist nur, dass ich es wirklich liebe! Den Duft, die Konsistenz, den Genuss, wenn es noch frisch und knusprig ist... Mir läuft schon beim Schreiben dieser Worte das Wasser im Mund zusammen.

Nun lief ich also die Straße entlang und kämpfte mit mir, weil ich statt meines üblichen, supergesunden Obstsalats gerne auch mal wieder Brot mit Marmelade gegessen hätte. Da hörte ich eine innere Stimme: die Erde.

Sie lachte leise, fast ein wenig mitleidig und spöttisch. Ich fokussierte mich auf sie, um sie besser zu verstehen. Sie sagte:

„Möchtest du Brot essen?“ Ich antwortete innerlich mit einem Ja, und zeitgleich spulte sich eine lange Liste von Gründen ab, die dagegensprachen. Wieder ein leises Lachen.

„Warum machst du es dir so schwer?“ fragte die Erde. Ich seufzte nur.

„Möchtest du etwas ausprobieren?“, fragte sie mich. Ich bejahte neugierig.

„Dann iss in den nächsten zehn Tagen nur, worauf du wirklich Lust und Appetit hast – egal, was auf deinem Plan steht oder wovon du glaubst, dass es gesund ist.“

Alles in mir rebellierte! Meine Gefühle tobten, mein Magen fuhr Achterbahn – alles war in Aufruhr! Mein Ego und mein Verstand bombardierten mich mit sämtlichen alten Glaubenssätzen, bis ich mich innerlich zur Ordnung rief. Warum sollte ich der Erde nicht vertrauen? Sie hatte mir mein Leben geschenkt, sorgte stets gut für mich und war mir in den letzten Tagen viel nähergekommen als je zuvor.

Die Erde beruhigte mich und meinte:

„Bitte segne das Essen, bevor du es zu dir nimmst, und sage ihm, dass du dich freust, es genießen zu dürfen, dass es dich heilt und einfach köstlich ist. Das wird deinem Körper auf jeden Fall gefallen.“ Das klang gut.

Ich entschloss mich, das Experiment mitzumachen. Im Supermarkt griff ich nach dem Baguette, das mich am meisten anlachte, kaufte noch ein Croissant (ich liebe sie!), einen richtig guten Käse und hatte mit meinem Mann ein herrliches, genussvolles Frühstück!

Der Witz ist, dass ich in diesen Tagen kaum anders gegessen habe als vorher. Mein Verstand hatte vermutet, dass ich nun sämtliche Süßigkeiten-Vorräte plündern und mich mit lauter „ungesundem" Zeug vollstopfen würde. Doch mein Körper wusste es einfach besser. Und ich bin sehr glücklich darüber, wie gut es sich anfühlt, loszulassen und auf meine innere, weise Stimme zu hören. Seitdem habe ich eine neue Stufe der Leichtigkeit und Freude erfahren, die ich mir früher nicht gönnen konnte. Und mein Körper dankt es mir mit Kraft und Gesundheit.

Neue Energie für Menschen, die als Heiler wirken

„Geliebte Menschen, die ihr euch als Impulsgeber für die Kranken, Traurigen und Schwachen einsetzt. Ich danke euch. Es ist eine ehrenvolle Aufgabe, das eigene Wissen – ob erlernt oder erspürt – anderen Seelen zur Verfügung zu stellen. Ihr werdet immer von mir unterstützt, denn ich habe in meinem Inneren – in jedem Sandkorn, in jeder Pflanze, in der Luft und im Wasser – Informationen gespeichert, die den Selbstheilungsprozess in euch Menschen anregen. Wenn ihr mit mir in Kontakt seid, könnt ihr direkt und ohne Umwege auf dieses Wissen zugreifen. Ihr könnt euch vor einer Behandlung direkt mit dem Erdenherz-Chakra verbinden, mit mir verschmelzen und den Kanal in die große Erdenbibliothek[2] öffnen. Zusätzlich könnt ihr den grünen Energiestrom der Heilung in euch hineinfließen lassen. Wenn ihr gleichzeitig auch Worte der Heilung und Weisheit für eure Patienten fließen lassen möchtet, könnt ihr den blauen Strom der göttlichen Kommunikation[3] nutzen. Diese drei Quellen werden euch so stark mit eurem intuitiven Wissen, mit dem Kosmos und der Urquelle der Menschheit verbinden, dass Heilung mit größter Leichtigkeit und voller Freude fließen kann. Jede Zelle eures Patienten wird vor Freude singen.

Das sind die Vorbereitungen. Nun möchte ich euch eine Methode erklären, die eure bisherigen Methoden kraftvoll unterstützt.

Den Heilstrom anwenden

Diese Technik kannst du sowohl für einen leibhaftig Anwesenden, als auch über große Distanzen anwenden:

Verbinde den Menschen energetisch und mit Worten mit dem Erdenherz-Chakra, damit er oder sie bewusst die eigenen Energieströme in meine Mitte fließen lassen und mit mir verschmelzen kann. Führe deinen Patienten hinein in den Heilstrom, bis hin zur Ursprungsquelle aller Heilung – in den grünen Tempel. Lass ihn oder sie mit dem grünen Licht und den irdischen Heilern in der Quelle der Heilung in Verbindung treten. Da du selbst durch deine Vorbereitungen mit der Quelle verbunden bist, könnt ihr nun gemeinsam daraus schöpfen.

2 Siehe Kapitel „Die Erdenbibliothek", Seite 39

3 Siehe Kapitel „Der blaue Strom der göttlichen Kommunikation", Seite 65

Besonders wichtig ist während der Behandlung, dass du den Atem des Patienten beobachtest. Eingetaucht in den Heilstrom und in Verbindung mit den irdischen Heilern ist der Atem tief und gleichmäßig. Daran kannst du erkennen, dass die Verbindung hergestellt ist. Ab diesem Moment können alle Anwendungen besonders gut wirken.

Dir werden während der Verbindung alle Handhaltungen, Worte und Energien geschenkt, die du brauchst, um an der richtigen Stelle zur rechten Zeit den Selbstheilungseffekt deines Patienten in Gang zu setzen. Wirkst du aus der Ferne, kannst du dem Patienten sagen, wo er oder sie die Hände auflegen soll, um den Heilungseffekt zu verstärken.

Dir werden die richtigen Kräuter, Edelsteine, Kristalle und Bilder geschenkt, die wichtig sind, um dem Menschen über deine Behandlung hinaus – in den kommenden Tagen und Wochen – Kraft zu geben. Je mehr ihr beide euch einlassen könnt, desto stärker wirkt die Behandlung. Es ist möglich, dass ein einziger Besuch beziehungsweise eine Erdenbibliothek-Behandlung ausreichend ist.

Teile deinem Patienten mit, wie er oder sie sich auch alleine mit der Quelle der Heilung und den irdenen Heilern verbinden kann, um damit den Prozess fortzusetzen. Sei dir bewusst, dass du nur die Verantwortung für diese Behandlung hast und es in der Verantwortung deines Patienten liegt, den Selbstheilungsprozess aktiv zu erhalten, bis er abgeschlossen ist.

Je kraftvoller und selbstverständlicher du selbst wirst, desto schneller kann Heilung geschehen. Die Menschen werden einander von dir berichten, sodass du immer in deiner Fülle bleibst. Solltest du noch an deinem Selbstwert und deinen Fähigkeiten zweifeln, tauche immer wieder in den Strom der Selbstermächtigung[4] ein. Dort kannst du alles abrufen, was du brauchst, um selbstsicher und machtvoll zu sein.

Halte auch stets ein Augenmerk auf den Energieausgleich, den deine Patienten dir geben. Du kannst variabel sein und den Wert deiner Behandlung auf den Patienten abstimmen oder deine Preise festlegen. Im Abstand einiger Monate solltest du diese Preise prüfen und mit deinem Selbstwert in Übereinstimmung bringen. Der Ausgleich muss sich auf allen Ebenen stimmig anfühlen, damit zwischen Heiler und Patient eine harmonische Ausgewogenheit besteht. Du kannst den Wert deiner Behandlungen auch in deiner persönlichen Halle der Macht abrufen."

☆☆☆

4 Siehe Kapitel „Der Strom der Selbstermächtigung", Seite 49

Die Erdenbibliothek und der goldene Strom des Wissens

Zugriff auf das Wissen der Welt

Die Erde sandte mir die Information, dass wir alle so mit dem Erdenherz-Chakra verschmelzen können, dass wir in der Lage sind, vielfältige Informationen abzurufen. Inmitten des Chakras befindet sich ein Raum, den sie selbst „Erdenbibliothek" nennt. Darin befinden sich alle Informationen über die Erde selbst – ihren Aufbau, ihre Kraft, ihre Botschaften – und auch alles Wissenswerte über die Menschheit und das Mensch-Sein.

In diese Bibliothek können wir jederzeit eintauchen, um diese Informationen in unserem Alltag anzuwenden.

Einladung der Erde in ihre Bibliothek

„Stelle dir einen Raum vor, der aus Glas und Gold besteht. In Wahrheit ist das Glas geschmolzenes Silizium, ein Material, das Informationen hervorragend leitet. In diesem Raum gibt es Bücher, soweit dein Auge reicht. Über dir, unter dir, an allen Seiten.

Dieser Raum, meine Erdenbibliothek, kannst du durch den Strom des Erdenwissens erreichen. Der goldene Strom führt dich zu einem goldenen Portal. Bevor du durch das Portal trittst, bitte ich dich, dein Herz und deinen Geist zu öffnen, deinen Verstand für diese Zeit in Liebe auszuschalten und dich mit Liebe auf das zu konzentrieren, was du wissen möchtest.

Jetzt betritt den Raum und schau dich um. Wohin zieht es dich? Wohin möchtest du in diesem Raum gehen? Erschaffe dir einen Platz, an dem du gemütlich sitzen oder liegen kannst. Dann rufe das Buch zu dir, das dir jetzt dein gewünschtes Wissen zeigt. Das Buch erscheint direkt vor deinen Augen.

Bist du ein visueller Mensch, kannst du die Worte lesen.
Bist du ein auditiver Mensch, kannst du die Worte hören wie ein Hörbuch.
Bist du ein kinästhetischer Mensch, fühlst du die Worte tief in dir.

Alles Wissen, das du brauchst, fließt nun in dich hinein – in jede einzelne Zelle. Denn nicht nur dein Gehirn speichert Wissen, sondern dein ganzer Körper. Somit ist das Wissen jederzeit abrufbar.

Bleibe so lange in meiner Bibliothek, wie du möchtest. Überfordere dich nicht, sondern spüre, wann der Zeitpunkt gekommen ist, an dem du genug Informationen gespeichert hast. Gerne kannst du noch eine Weile hier ruhen, denn dieser Raum ist ein wundervoller Platz, an dem tiefer Frieden in der Stille der Weisheit herrscht. Das kannst du vor allem nutzen, wenn du im Alltag gestresst und überfordert bist. Im Raum des Wissens und der Weisheit findest du frische Energie und den inneren Frieden, nach dem du dich sehnst.

Du bist jederzeit willkommen.

Wenn du gehen möchtest, bedanke dich bitte kurz bei allen Büchern. Sie freuen sich darüber und schenken dir ihren Segen."

Sonja Ariel über die Erdenbibliothek und das schwarze Buch für unruhige Gedanken

Schon viele Male habe ich diesen wunderschönen „Tempel des Wissens“ aufgesucht. Was für eine Erholung, mit Leichtigkeit Wissen zu schöpfen und gleichzeitig diesen göttlichen Frieden zu spüren. Neben der Möglichkeit, in den Bücher zu lesen, habe ich für mich noch etwas Großartiges entdeckt: das schwarze Buch für unruhige Gedanken.

Noch immer ist es eine große Herausforderung für mich und viele Menschen, die ich kenne, während einer Meditation oder manchmal auch im Alltag das Bewusstsein in Klarheit zu konzentrieren. Der Verstand plappert einfach unentwegt, und das auch noch in großer Lautstärke. Bisher habe ich noch keine geeignete Methode gefunden, um das zu unterbinden und meine Gedanken in aller Ruhe auf das Jetzt zu fokussieren, bis ich von der Erde einen tollen Tipp bekommen habe, den ich gerne mit dir teilen möchte.

Es gibt in der Erdenbibliothek ein schwarzes Buch, das wie ein schwarzes Loch im Weltraum funktioniert. Es saugt alle Gedanken auf, die in wichtigen Augenblicken ein zu starkes Hintergrundrauschen und damit Unruhe in dein Bewusstsein bringen.

Du kannst dir dazu einfach vorstellen, dass du ein schwarzes Kabel mit einem weichen Saugnapf an deinem Kopf befestigst (zum Beispiel an der Schläfe). Das Kabel ist mit dem schwarzen Buch in der Erdenbibliothek verbunden und saugt nun achtsam alle sinnlos plappernden Gedanken und Informationen aus deinem Kopf, damit du dich auf das Wichtige und Wesentliche des Moments konzentrieren kannst. Das Gute ist, dass durch diese Aktion nichts verlorengeht, was du noch brauchst. Der Verstand wiederholt sowieso die meiste Zeit nur Erinnerungen aus der Vergangenheit oder irgendwann gesammelte Informationen, die das Unterbewusstsein hervorholt, weil es durch äußere Reize geweckt wurde.

Du kannst diese schlichte Technik nutzen, wenn du dich in tiefe Meditation begeben, ein wichtiges Gespräch führen oder andere Dinge machen möchtest, die innere, geistige Ruhe erfordern.

Ich persönlich habe sehr gute Erfahrungen damit gemacht und diese Information auch schon mit einigen Menschen geteilt, die sie positiv nutzen konnten.

Es ist schön, wenn aus komplizierten Vorgängen auf einfache Weise Leichtigkeit entstehen kann.

☆☆☆

Der rosafarbene Strom der Liebe und der Herzensraum

Liebe ist ein zentrales Thema auf dieser kostbaren Erde. Sie ist der Ursprung allen Seins und jeder Seele. In dieser Welt der Polarität ist sie die Kraft, die jeden Menschen am Leben erhält. Im wahrsten Sinne. Denn ohne sie gäbe es keinen Grund mehr, morgens aufzustehen, zu arbeiten, Freundschaften zu pflegen oder einander zu helfen.

Aus der Liebe kommt jede Seele, und in sie tauchen wir alle jeden Tag aufs Neue ein.

Es gibt aus Sicht eines Menschen viele Varianten der Liebe:

1. Die bedingungslose Liebe (griech. „Agápe"), die keine Erwartungen kennt, sondern sich einfach mitfühlend und glücklich verströmt und alles Sein nährt. Sie gibt sich an alle und alles hin und hat stets das Wohl aller im Blick.
2. Die Selbstliebe als stabile Basis für ein bewusstes, erfülltes Leben.
3. Die zwischenmenschliche Liebe (griech. „Philía), die zwischen Familienmitgliedern, Freunden und Mitmenschen fließt. Sie besteht aus einem Geben und Nehmen von Energie, Freude und Respekt, schenkt Anerkennung und Verständnis.
4. Die Liebe zu Lebenspartnern (griech. „Éros"), denen man das Herz öffnet und die man auch körperlich, sinnlich und erotisch begehrt. Diese Liebe findet sich im Spiegel des Gegenübers, ist jedoch auch fordernd, hat Erwartungen und den Wunsch, wiedergeliebt zu werden.

Alle diese Varianten sind wichtig für das gewünschte Erfahrungsspektrum, das eine Seele auf Erden im menschlichen Körper erleben möchte. Sie ist das größte Geschenk, die größte Herausforderung und manchmal eine echte Prüfung. Deshalb möchte die Erde uns allen ihre Weisheit und Energie schenken, damit wir mit mehr Leichtigkeit und Freude die Liebe erleben können.

Sonja Ariels Erfahrungen im Strom der Liebe

Die Erde bat mich, die Erfahrung des Liebesstroms zuerst selbst zu machen, bevor sie ihn danach in ihren Worten beschreibt. Den Wunsch äußerte sie am dritten Tag nach meinem ersten Kontakt während eines entspannten Mittagessens, und da ich ohnehin eine Ruhepause machen wollte, war ich glücklich und einverstanden.

Ich legte mich dazu bequem auf mein Bett, schloss die Augen und ließ die Erde tun, was immer sie wollte. Da ich ihr bedingungslos vertraue, weil ich sie so liebe, fiel es mir leicht, loszulassen und mich für alles zu öffnen.

Mein erstes Gefühl war Neugierde. Dann war es, als würde mich die Erde in Gestalt eines Menschen an die Hand nehmen und mit mir nach unten abtauchen.

Ich durfte mit ihr eintreten in den Strom der Liebe. Sie zog mich durch alle Schichten der Erde, bis hinab in ihr Innerstes. Ich sah die Erdschichten, Wesen, die dort lebten, ohne sie genauer wahrnehmen zu können, denn der Strom der Liebe floss sehr schnell. Die Erde zog mich mit Macht und Kraft hinab.

Während dieser Zeit lag ich auf meinem Bett und verließ mit

meinem Bewusstsein meinen Körper, den ich beschützt und geborgen wusste.

Während der Reise trieb ich in den Alpha-Zustand – ich war völlig in meiner Urtiefe und gleichzeitig bei klarem Bewusstsein, ohne zu schlafen. Irgendwann spürte ich ein Ankommen und fühlte die unendliche Liebe der Erde in allen meinen Zellen. Ich sog sie wie einen Schwamm auf – ganz selbstverständlich und unbewusst. Es war einfach ein natürlicher Reflex, dem mein Mensch-Sein folgte, als hätte ich lange gehungert.

Über eine Stunde badete ich in einem Zustand, der keine Materie kannte und keine Bilder oder ein vergleichbares Gefühl in mir hervorrief. Es war das pure Verschmelzen mit ALLEM.

Irgendwann entschied mein System, dass es gut ist und ich genug Liebe aufgesogen hatte. Ich tauchte aus dem All-Eins-Sein und dem Alpha-Zustand wieder in mein Wachbewusstsein. So satt und zufrieden hatte ich mich noch nie gefühlt. Regelrecht schwer von all der Liebe und auf allen Ebenen genährt, beschützt und glücklich. Ich war so verliebt in mich, mein Leben – in alles.

Nach einer Weile – ein bis zwei Stunden – entspannte sich das Gefühl des Verliebt-Seins und wurde zu einem tiefen, kraftvollen Gefühl von Gelassenheit und innerem Frieden.

Ein großartiges, allumfassendes Erlebnis für mich.

Tauche ein in die Liebe

„Geliebtes Wesen, wann hast du dich zum letzten Mal bewusst, frei und voller Freude lieben lassen? Wann durfte dich jemand in die Arme nehmen und dir einfach bedingungslose Liebe schenken – ganz ohne Erwartungen an dich? Wann hast du dich zuletzt bewusst hingegeben an die göttliche, leuchtende Liebe, die immer und überall für dich existiert und die du einfach nur in dein Herz zu lassen brauchst?

Schlichte Fragen. Wichtige Fragen. Fühlst du die Antworten?

Lass mich dich auf meinem rosafarbenen Strom der Liebe zu den Antworten führen. Sie warten auf dich in deinem Herzensraum. Lass dich vom Liebesstrom sanft in mein Erdenherz-Chakra führen und tragen. Bis hin zu dem Raum deines eigenen großen Herzens. Was findest du dort vor? Wie sieht der Raum der Liebe, der Freude und Hingabe aus, den du in dir trägst, und wo fühlst du ihn in dir?

Liebe ist alles, was existiert. Auf der Erde allein kannst du ihre Abwesenheit fühlen und dadurch sehr wichtige Erfahrungen sammeln. Das prägt dich, formt dich und lässt dich mit jedem Tag aus dem Gefühl des Getrennt-Seins wieder in die Einheit zurückfinden.

Wann hast du zum letzten Mal wirklich Liebe gefühlt?

Tritt ein in den Raum deines Herzens und spüre, wie viel Liebe dort auf dich wartet. Dieser Raum ist bis oben hin gefüllt mit reiner, purer, wahrhaft himmlischer Liebe. Erlaube dir jetzt, so viel davon in alle deine Zellen, deinen Geist und deine Aura strömen zu lassen, wie es dir möglich ist. Lass dich durchfluten, bis dein ganzes System auf allen Ebenen versteht, dass auch du es verdient hast, geliebt zu werden, Liebe zu fühlen und Liebe zu SEIN!

In deinem Raum des Herzens gibt es Menschen, die dich lieben möchten. Vielleicht hast du es ihnen bisher nicht oder nur zum Teil erlaubt. Es mag viele gute Gründe für dich geben, doch solltest du nun diese Gründe überdenken. Macht es Sinn, dir selbst dieses herrliche Gefühl vorzuenthalten, das dich auf so wundervolle Weise nährt?

Was geschieht, wenn dich jemand aufrichtig, achtsam und voller Freude in die Arme nehmen möchte, den du bisher nicht an dich herangelassen hast? Kannst du dich für diesen Augenblick öffnen, fallenlassen und das große Geschenk annehmen?

Was brauchst du, um deinen Raum des Herzens zu einem Platz zu machen, der jeden Tag und jede Nacht deines Lebens lichtvoll ist? In dem du mit Freuden wohnen willst und gerne dorthin zurückkehrst?

Frage deinen Schutzengel, sprich mit Gott und deinen inneren Führern. Auch ich berate dich gerne. Lade uns in deinen Herzensraum ein, damit wir dich mit Liebe und Weisheit umarmen und beschenken können.

Lade in diesen wichtigen Raum auch Menschen ein, die du verehrst, und lass dich auch von ihnen inspirieren, damit du die allgegenwärtige Liebe auf allen Ebenen fühlen und genießen kannst. Halte dich nicht mehr zurück. Dieser Raum ist heilig und gehört allein dir. Was in diesem Raum geschieht, ist allein deine Angelegenheit. Probiere alle Arten von Liebe in ihm aus, damit du später im Leben alles spüren und erleben kannst, was du bisher – vielleicht schmerzlich – vermisst hast.

Fasse den Mut, um Liebe zu bitten. Erkläre deinen Mitmenschen, wie du dir das Zusammensein mit ihnen wünschst, und höre ihnen zu, wenn sie dir ihre Wünsche mitteilen. Frage sie, was sie brauchen, um sich in deiner Gegenwart wohlzufühlen, und öffne dein Herz für neue Möglichkeiten, Liebe zu erfahren. Sie kommt oft unverhofft aus unvermuteten Richtungen. Das ist ihr Geheimnis: Sie ist immer und überall, damit du niemals auf sie verzichten musst.

Fülle dich in deinem Herzensraum auf und genieße die Liebe. Wenn du auf allen Ebenen satt bist, kehre entspannt und voller Glück zurück in dein Tagesbewusstsein. Lass die Liebe durch jeden Moment deines Lebens fließen, denn sie heilt, nährt und verschenkt sich jeden Tag an dich."

☆☆☆

Der Strom der Selbstermächtigung und die Halle der Macht

Kaum ein Thema ist derzeit so umstritten wie das Thema „Macht". Dabei ist es, außerhalb jeder Wertung und jenseits der dualen Illusion betrachtet, lediglich die Anwendung und Äußerung der Schöpferkraft selbst.

Jeder Mensch, der sich selbst ehrlich und aufrichtig erkennt, wird zugleich auch sein Machtpotenzial erweitern. Das ist ein natürlicher Prozess.

Was die Kontroverse auslöst, ist der Missbrauch dieses großen Potenzials. Wenn tatsächlich – wie von vielen Seiten und besonders in der spirituellen Szene gewünscht – jeder Mensch seine Schöpfermacht erkennt und annimmt, kann einfach alles geschehen. Denn es gilt der schlichte Spruch:

„Macht ist, was du daraus machst."

Manche Menschen leugnen, dass eine Seele auf Erden über Macht verfügt, denn sie glauben, dass allein das Göttliche Macht hat und über alles entscheidet.

Ich mag den schönen Spruch:

„Der Mensch denkt und Gott lenkt.
Der Mensch dachte und Gott lachte."

Wie ich allerdings oben schon erwähnt habe, vertrete ich die These der 100%igen Selbstverantwortung, auch wenn ich an eine göttliche Quelle glaube. Jede Seele ist ein Aspekt des Göttlichen und ein Ausdruck dieser allumfassenden Energie. Deshalb ist für alle inkarnierten, lebendig gewordenen Menschen auf der Erde auch das Potenzial zu uneingeschränkter Macht verfügbar.

Als Seele komme ich auf diese Erde in meinen menschlichen Körper, um mich auszuprobieren mit meinem gesamten Potenzial. Bestimmte Dinge kann ich besonders gut, andere wiederum liegen mir nicht so sehr – doch was genau ich kann oder nicht kann, gilt es herauszufinden und auszutesten.

Was also können wir Menschen tun, um unsere Schöpferkraft und pure göttliche Macht, die durch unsere Seele zu einem Menschen geworden ist, sinnvoll zu verwenden? Was können wir tun, um uns selbst und dem Wohl aller Wesen und der Quelle zu dienen?

Die Erde zum Thema Macht

„Geliebte Menschen, verwendet eure Kraft weise. Dank eures Bewusstseins, das sich durch eure Seele auf Erden manifestiert, habt ihr hier unbegrenzte Macht. Sie wurde euch geschenkt, um die Gesetzmäßigkeiten des Universums und der Polarität, wie ihr sie kennt, auszuprobieren. Ihr könnt hier auf der Erde nach Belieben mit ihr umgehen – das ist in eurem freien Willen festgelegt. Und ihr erlebt täglich durch die globalen Medien, was geschieht, wenn das Ego die Herrschaft über diese Macht erhält.

Ich möchte euch vermitteln, wie ihr auf die pure, reine, göttliche Macht in euch zugreifen könnt, ohne das Ego die Überhand gewinnen zu lassen. Denn das ist die größte Angst und Gefahr aller Menschen, die sich bewusst auf den Weg der Meisterschaft und Selbsterkenntnis begeben."

Ja, ich möchte gerne weiter informiert werden.

Bitte senden Sie mir Ihr Verlagsverzeichnis zu ☐

(Anschrift bitte auf der Rückseite angeben)

Diese Karte entnahm ich dem Buch ....

Ich fand das Buch inhaltlich ....

....

und die Gestaltung ....

Würden Sie dieses Buch weiterempfehlen? ....

Vielen Dank!

Weitere Informationen zu unseren Neuerscheinungen, Autoren, Webinaren und vielem mehr erhalten Sie aktuell und kostenlos auch über unseren **Newsletter** per Mail und im Internet.

Die Anmeldung finden Sie unter www.smaragd-verlag.de

info@smaragd-verlag.de - www.smaragd-verlag.de

Absender

Name, Vorname

Straße, Hausnummer

Land, PLZ, Ort

Telefon, Fax

eMail

(Bitte in Druckbuchstaben schreiben!)

Bitte freimachen

Smaragd Verlag e.K.

Neuwieder Straße 2

D-56269 Dierdorf

Die Quelle der Macht

„Längst habt ihr ergründet, dass alles durch einen göttlichen Antrieb gesteuert ist. Dieser wohnt nicht nur in euch Menschen, sondern in allem, was existiert. Dieser göttliche Antrieb ist der Motor, der die Evolution vorantreibt. Auf der Erde bedeutet es, dass ihr Menschen euch permanent entwickelt, erforscht, erkennt und euer Bewusstsein immer reiner und klarer macht, während sich euer Körper und auch euer Geist – samt Ego – immer mehr in die lichtvollen Dimensionen erweitert.

Missbrauch dieser schöpferischen Energie wird nur geschehen, wenn die Angst über die Liebe gewinnt. Liebe wird euch auf die leuchtende, positive Seite der Macht bringen, Angst wird euch in den Schatten stürzen.

In vielen Geschichten, Filmen, Mythen und Sagen auf der Erde wird seit Jahrtausenden von diesem Kampf zwischen Gut und Böse, zwischen Schatten und Licht berichtet. Denn es ist die höchste Prüfung eines bewussten Menschen, achtsam, authentisch und klar mit der Macht umzugehen.

Die Reinheit eures Herzens wird euch hierbei dienen. Diese Reinheit erfahrt ihr, wenn ihr euch mit eurer Ursprungsquelle – dem Göttlichen – und eurer unsterblichen Seele verbindet. Das geschieht am leichtesten in der Stille und in der Meditation. Alle Gedanken, die währenddessen auftauchen und die von Angst, Zweifel, Wut oder Zorn bestimmt werden, könnt ihr in solchen Momenten „durchlieben". Ihr könnt sie mit der reinen Liebe eures Herzens durchstrahlen, bis sie wieder friedvoll und liebevoll geworden sind.

Kommt ihr aus solch einer tiefen Meditation zurück in euer Tagesbewusstsein, könnt ihr viel freier und klarer zum Wohl aller

Beteiligten entscheiden. Die alten, mit Schmerz verbundenen Emotionen stehen euch nicht länger im Weg.

Macht ist die Quelle zur Veränderung der Welt. Wenn ihr eure Macht bewusst einsetzt, um in und um euch herum Frieden, Harmonie und Liebe zu erschaffen, werdet ihr zu einem Licht in der Dunkelheit.

Beginnt immer bei euch selbst – egal, was ihr verändern möchtet. Vor allem, wenn ihr Menschen verändern wollt, denn dieser Impuls führt euch über kurz oder lang auf die Schattenseite der Macht – egal, wie positiv eure Beweggründe sind. Wenn ihr irgendwo auf der Welt Unfrieden, Ungerechtigkeit oder schlimme Taten seht, reflektiert sofort in euer Herz, wo ihr selbst noch diese Energie in euch tragt. Meditiert, verbindet euch mit dem Universum und meiner Heilquelle, um die Verletzungen, die diesen Gedanken immer zugrunde liegen, zu heilen und zu reinigen.

Macht habt ihr alle, ohne Ausnahme. Mittels eures freien Willens könnt ihr damit verfahren, wie ihr wollt. Setzt sie weise ein. Ich helfe euch dabei, eure tiefste Herzensweisheit immer mehr auszudehnen. So wird auch eure Macht Fruchtbares und Gesegnetes hervorbringen."

Der goldgelbe Strom der Selbstermächtigung und die Halle der Macht

„Selbstermächtigung ist die Basis für ein freies, glückliches Leben, in dem Liebe und Genuss viel Raum haben. Dir selbst Macht zuzugestehen, ist deine Aufgabe. Du musst dir erlauben, deine Macht zu entdecken und permanent auszudehnen, bis du ganz und gar in ihr angekommen bist. Bis du sie durch und durch spüren kannst und vor lauter Lebensfreude vibrierst. Deine Macht ist unendlich groß. Die Macht, etwas zu erschaffen, etwas zu zerstören, Neues zu gestalten und Altes zu transformieren.

Wenn du deine Macht wirklich spüren möchtest, helfe ich dir gerne dabei.

Konzentriere dich auf deinen Zugang zu meinem Erdenherzen. Fühle dein eigenes großes Erdenherz-Chakra unter deinen Füßen, tief in meiner Mitte, pulsieren. Verbinde dich bewusst damit und verschmilz mit mir, bis du die Wärme und Schönheit darin erkennen und spüren kannst.

Konzentriere dich auf die wahre, reine und klare Schöpferkraft und Macht in dir. Spüre deinen Körper und fühle den Platz darin, in dem sie bei dir verankert ist. Lege liebevoll deine Hände an diese Stelle und atme tief und kraftvoll ein und aus. Sammle mit jedem Atemzug frische Energie und Liebe aus dem Universum ein und lenke sie an diesen Ort in dir, in dem deine Macht schlummert.

Stell dir nun vor, wie aus dem Erdenherz-Chakra ein leuchtend gelbgoldener Strom purer Macht und Schöpferkraft emporfließt und schließlich zu dem Platz strömt, an dem deine Macht ihren Ankerplatz hat.

Spüre, wie sich der goldgelbe Strom der Macht und Selbstermächtigung an der von dir gefühlten Körperstelle ausbreitet. Warm und weich strömt die Macht dorthin, bis dein Machtzentrum überfließt und die Macht in jeder Körperzelle angekommen ist. Wenn dein Körper ganz erfüllt ist, quillt die goldgelbe Schöpferkraft über und strahlt in deine Aura, die sich dadurch immer stärker ausdehnt und dich in eine riesige Kugel aus Macht und Licht hüllt.

Wenn du das fühlst, gleite auf dem Strom der Selbstermächtigung hinunter in das Erdenherz-Chakra. Mit all deiner Macht und voller Licht gleitest du hinab bis in meinen Mittelpunkt.

Dort findest du die Halle deiner Macht. Du stehst vor deren Eingang. Betrachte ihn. Wie sieht das Portal aus? Kannst du es öffnen?

Verschaffe dir liebevoll Zugang. Wenn dir das anfangs schwerfallen sollte, nimm deinen Schutzengel oder einen geistigen Führer mit, damit sie dir helfen können. Ihnen ist der Zugang immer gewährt, denn sie dienen dir und deiner Seele.

Nun stehst du also in deiner persönlichen Halle der Macht. Du kannst diesen Ort erkunden. Es mag sein, dass dir das leichtfällt, weil du schon klar und bewusst auf dem Pfad der Macht wandelst. Fällt es dir jedoch noch schwer, kannst du menschliche Hilfe annehmen. Gerade in dieser besonderen Halle ist es hilfreich, sich unterstützen zu lassen, wenn du deine Macht noch nie gespürt hast.[5]

Wenn du alleine weitermachen möchtest, ist es hilfreich, dir einen Thron in dieser Halle vorzustellen. Ein Thron ist das uralte Symbol für die Herrschaft. In diesem Fall für deine Herrschaft über dein Leben. In dem Moment, in dem du dich auf deinen eigenen Thron setzt, kommst du wieder in deiner ursprünglichen göttlichen

5 Nutze einen Berater, Coach oder Heiler, um dir helfen zu lassen. Der- oder diejenige sollte sich mit dem Thema Selbstermächtigung auskennen.

Führung an. Du akzeptierst, dass du allein verantwortlich für dein Leben bist. Du akzeptierst, dass du die Macht besitzt, das Beste aus deinem Leben zu machen. Dazu hast du die Macht.

Verbunden mit der Herrschaft über dein Leben gibt es auch weitere Symbole der Macht. Die bekanntesten sind das Zepter als Symbol für deine Handlungsfähigkeit und -bereitschaft. Die Krone steht für die Weisheit deines Geistes jenseits des Egos. Solltest du dich in deinem Leben schutzlos fühlen und nach Sicherheit und Geborgenheit sehnen, kannst du auch ein Schwert als Machtsymbol tragen. Ein Schwert kann dem Kampf oder der Verteidigung dienen. Es kann auch ganz einfach als Symbol für deine Wehrhaftigkeit angesehen werden. Du darfst dich im Leben verteidigen, wenn dein Leben, deine Gesundheit und dein innerer Frieden bedroht sind. Die Wahl deiner Waffen – ob Stimme, Körperkraft oder Waffeneinsatz – kannst du immer klarer ermessen, je mehr du deine Macht annimmst.

Ein weiteres Symbol ist ein Krafttier. Du kannst dein Krafttier der Macht in deine Halle der Selbstermächtigung einladen und mit ihm sprechen. Es kann dir viele wertvolle Hinweise darüber geben, was du tun kannst, um deine Macht sinnvoll zu verwenden und in dein ganzes Leben auszudehnen.

Kehre sooft wie möglich in die Halle der Selbstermächtigung zurück, bis du sie so gestaltet hast, dass du dich wirklich wohl darin fühlst und gerne auf deinem Thron sitzt. Bis du die Herrschaft deines Lebens wieder zurückerobert hast und gerne die Symbole der Macht trägst.

Wenn du deine Halle der Macht wieder verlassen möchtest, bedanke dich bei allen Wesen, die dich begleitet haben.

Nach dem Besuch in dieser Halle kehre langsam und achtsam zurück an die Oberfläche deines Bewusstseins. Nimm auf jeden Fall die Symbole deiner Macht mit. Bewahre sie in deinem Herzen oder an dem Ort der Macht, den du in deinem Körper gefunden hast.

Wenn du im Alltag in Situationen kommst, in denen du viel Kraft und Macht brauchst, hülle dich bewusst in die goldgelbe Energie der Macht. Atme tief, bis du die lichtvolle Energie in allen Zellen, in deinem Geist und deiner Aura spürst. Sieh dich in deinem Inneren auf deinem Thron sitzen und spüre ihn für einen Augenblick (oder länger) unter dir. Spüre deine Insignien (Krone, Zepter usw.) und dein Krafttier.

Dann gehe voller Klarheit und mit reinem Herzen in diese Situation hinein. Jetzt hast du die Führung über dein Leben wieder übernommen und bist präsent. Auf diese Weise dienst du dir und dem Wohl aller Beteiligten."

Sonja Ariel zum Thema Macht und Selbstermächtigung

Als ich durch das Schreiben dieser Zeilen für die Erde zum ersten Mal mit diesem Thema bewusst in Kontakt kam, konnte ich spüren, dass ich selbst immer noch große Scheu davor hatte, meine eigene Macht wirklich anzunehmen und anzuwenden. Denn es ist eins, Informationen über ein Thema zu erhalten, und etwas ganz anderes, es zu fühlen und zu erleben.

Natürlich wusste ich vieles über Macht und Ohnmacht und was schiefgehen kann, wenn man es übertreibt, diese Macht zu nutzen. Ich konnte sie in mir fühlen und hatte schon einige Male gespürt, wie herrlich es ist, meine Macht bewusst zu meinem und zum Wohl der Menschen fließen zu lassen. Vor allem seit ich gelernt hatte, die göttliche Energie durch mich zu lenken, um die Selbstheilungskräfte eines Menschen zu aktivieren. Es gibt für mich einfach nichts Schöneres, als den Wesen dieser Welt zu dienen.

Doch ständig begleitete mich die Angst des Missbrauchs wie ein Schatten. Er legte sich irgendwann so schwer auf mich, dass ich mich immer mehr einschränkte, um meinem Ego nicht die Chance zu geben, die Überhand über diese Kraft zu gewinnen.

Als ich dann das Channeling der Erde machen durfte, das du oben gelesen hast, wurde mir vieles klar. Ich tauchte in meinen eigenen Thronsaal hinein und musste dort ordentlich aufräumen. Anfangs noch etwas zögerlich, dann mit immer größerem Spaß, veränderte ich meine innere Wahrnehmung der Macht, bis ich mich rundum wohl auf meinem Thron und mit all den Wesen an meiner Seite fühlte. Noch immer schenkt es mir ein herrliches Gefühl von Zufriedenheit, innerer Ruhe und Klarheit, wenn ich in Meditationen in diesen Raum einkehre.

Mit meinem Mann und einigen anderen Personen habe ich dieses Ritual schon als geführte Meditation weitergegeben, und es ist faszinierend, wie unterschiedlich die Menschen ihre Halle der Macht wahrnehmen. Am schönsten ist es, wenn sie endlich auf ihrem Thron sitzen und beginnen, sich dort wohlzufühlen. Dieser Moment verändert einen Menschen von Grund auf.

Am wichtigsten jedoch finde ich, in Zuständen der Angst oder des Dramas, die immer einmal zwischendurch entstehen können, in diese herrliche Halle einzutauchen. Es braucht ja nur für einen Moment zu sein, doch dieser Moment macht aus einem hilflosen Opfer sofort wieder einen handlungsfähigen Schöpfer.

Es bedarf eines gewissen Trainings, um in solchen Augenblicken die eigene Energie und die aktuellen Gefühle dazu so umfassend zu verändern, doch mit jedem Mal fällt es leichter. Es macht sehr viel Freude, die eigene Macht so bewusst und liebevoll einzusetzen.

☆☆☆

Der weiße Balsamstrom des Friedens

Hilfe für Hochsensible, Engel in Menschengestalt und alle vom Leben Überforderten

In diesen Zeiten erwachen besonders die sehr sensiblen Menschen. Ihr Frühwarnsystem spürt Veränderungen oft vor anderen. Ob es die Sonnenstürme sind, die Veränderungen im Erdmagnetfeld oder die gesellschaftlichen Veränderungen – Hochsensible erleben dank ihrer offenen Sinne, dass es wichtig ist, den Wandel nicht abzulehnen (sonst überrollt er uns mit seiner Energie), sondern ihn zu begrüßen.

Alle Menschen erleben die Transformation des Bewusstseins und des Körpers, doch jeder auf eine andere Weise. Während sich die einen ausschließlich intellektuell mit den Problemen auseinandersetzen und ihren Verstand bemühen, spüren andere es vor allem körperlich und emotional. Hochsensible Menschen brauchen vor allem Entspannung für ihre überreizten Nerven, damit sie sich wieder auf ihre Gaben – die des umfassenden Liebens, Heilens, Channelns und liebevollen Begleitens – konzentrieren können.

Viele Menschen wissen gar nicht, dass sie hochsensibel oder gar ein Engel in Menschengestalt sind. Sie fühlen sich oft fehl am Platz, „nicht von dieser Welt" und möchten „nach Hause" – ohne genau zu wissen, wo dieses Zuhause ist. Sie fühlen sich missverstanden, ziehen sich oft von der Welt zurück und flüchten in Traumwelten. Drogen verschiedenster Art werden mit Freude – oder schlechtem Gewissen – genutzt, um den Alltag zu verdrängen und ein wenig Liebe, Licht und Frieden zu fühlen. Statt auf diese Weise vor der eigenen Macht und den Herausforderungen des Lebens davonzulaufen, sollte jeder Mensch erkennen, wie kostbar, wichtig und einzigartig er und sie wirklich ist. Dazu möchte die Erde ihren Beitrag leisten.

Botschaft der Erde für Hochsensible

„Geliebte Wesen, ihr seid immer in Sicherheit. Hat eure Seele einst diesen besonderen Körper und Geist gewählt, so nutzt ihn und seine großen Gaben nun auch voller Liebe. Sie sind ein Geschenk. Ich weiß, dass ihr oft überfordert seid, doch der Wandel fordert alle. Zwar erlebt ihr ihn intensiver, doch gleichzeitig habt ihr auch klarere Vorstellungen von Lösungen – sie liegen sozusagen direkt in euch. Eure Sinne und Empfindungen können erspüren, wie Menschen schneller und besser unterstützt werden können. Ihr seid offener für Zusammenarbeit und frei von Konkurrenzdenken, denn ihr wisst, dass gebündeltes Wissen und verstärkte Hilfe gebraucht werden. Eure starke soziale Verbundenheit macht euch stabiler, auch wenn ihr euch so oft als viel zu weich und zerbrechlich empfindet.

Ich sage euch: Ihr seid stark! Stark wie das berühmte Bambusrohr, das selbst im Sturm nicht zerbricht, weil es biegsam und flexibel ist.

Nutzt eure offenen Sinne und genießt sie. Sie bieten euch einzigartige Erfahrungen, die anderen Menschen verborgen bleiben. Ihr könnt meine Energie und meine Helfer, die in meiner Pflanzen- und Kristallwelt wirken, erkennen und mit ihnen kommunizieren. Ihr könnt die himmlischen Energien sehen und mit ihnen sprechen. All das ist eine wertvolle Bereicherung. Erkennt ihren Wert, damit ihr endlich zufrieden und glücklich euren Weg gehen könnt. Ich helfe euch gerne dabei, euch innerlich und äußerlich zu stärken, damit es euch leichterfällt, euch und eure Gaben zu genießen.

All ihr zarten Wesen! Ich weiß um eure Bedürfnisse, eure Sehnsüchte und Ängste. Ich weiß, dass ihr vor allem Sicherheit und Geborgenheit sucht. Viele von euch sehnen sich nach der Einheit jenseits der Heimat, die ich euch schenke. Seid euch bitte bewusst, dass ihr hier alles finden könnt, was ihr braucht.

Hier könnt ihr Sicherheit finden, wenn ihr euch darauf einlasst. Ihr könnt Geborgenheit finden, wenn ihr sie braucht. Denn ihr tragt all das als große Kraft eurer Seele in euch. Leider habt gerade ihr, meine hochsensiblen Kinder, vergessen, dass ihr über eure Seele direkt mit der Einheit verbunden seid. Und Einheit ist ÜBERALL zu fühlen! Einheit mit allem, was existiert, schenkt ein warmes, weiches Gefühl von Frieden und Ruhe. Es heilt die Sinne und inneren Zweifel. Und ihr könnt es JETZT und HIER fühlen, denn auch ich schenke euch all meine Liebe.

Taucht ein in mein Erdenherz. Lasst euch von mir halten, wiegen und umarmen. Lasst mich eure Große Mutter sein, die euch tröstet, wenn ihr Halt braucht und das Leben eure Gefühle und eure Liebe auf die Probe stellt. Ihr seid viel stärker, als ihr glaubt.

Taucht ein in die Quelle meiner Liebe, lasst euch umhüllen, nähren und stärken. In meinem Erdenherzen könnt ihr die Einheit fühlen, ohne dieses Leben verlassen zu müssen. Das ist die wahre Meisterschaft: die göttliche, bedingungslose Liebe und die Gnade der Quelle in jedem Augenblick des Lebens spüren zu können.

Diese Verbindung schenke ich euch, wann immer ihr sie braucht. Auch ich bin ein Teil der Schöpfung – mit jedem Stein, jedem Baum, jedem Wesen, das auf mir wandelt. Und in meinem Herzen bündelt sich die enorme Kraft der Urquelle, damit ich Leben schenken kann.

Taucht ein in meine Liebe, dann könnt ihr das Leben entspannt und bewusst als Akt der Schönheit, Weisheit und Wahrheit erkennen. Erleichtert euch euren Lebensweg, indem ihr nutzt, was euch geschenkt wird. Und ich schenke euch von Herzen gerne, was ihr braucht, denn ich liebe euch unendlich, meine Kinder."

Eintauchen in den Balsamstrom

Im Erdenherz-Chakra befindet sich der Zugang zu einer neuen, heilsamen und beruhigenden Quelle, die besonders Hochsensible und Engel in Menschengestalt nährt und unterstützt. Diese Quelle sendet einen Strom aus Ruhe, Frieden und weichem Licht, um die aufgewühlten Emotionen und vibrierenden Nerven zu beruhigen.

Um diesen Balsamstrom zu fühlen, braucht es nach einiger Übung kaum noch Anstrengung. Dann kannst du – wo auch immer du gerade bist – eintauchen in die Quelle und überall im Alltag sofort entspannen und neue Klarheit finden.

Nimm dir am besten einige Tage lang mehrfach am Tag Zeit, in den Balsamstrom einzutauchen, damit es ganz selbstverständlich wird.

„Atme tief ein und aus. Genieße eine Zeit der Ruhe und finde die Stille dort, wo du bist. Fühle deinen kostbaren Körper, spüre deinen offenen Geist und öffne auch dein Herz für die Informationen, die nun fließen.

Fühle dich ein in mein Erdenherz-Chakra. Verschmilz mit ihm. Werde eins mit mir. Spüre, wie sich deine Körperzellen mit mir vereinen, denn aus meiner Kraft sind sie entstanden. Sie möchten sich endlich wieder nähren und stärken, damit sie optimal für dich wirken können.

Spüre mitten im Erdenherz-Chakra die weiße Quelle des Friedens. Sie schenkt innere Ruhe, Klarheit und reinigt dich von dem überquellenden Strom aus Informationen, die auf deine Sinne einprasseln. Spüre nun, wie sich aus der Quelle des Friedens mehrere kleine Stränge lösen und sich auf den Weg zu deinem Körper machen. Sie fließen weich wie Seide und schimmern wie Sternenstaub. Wie Blumenranken beginnen sie nun, zärtlich deine Nervenbahnen zu umhüllen. Sie fließen in deinen Körper hinein und um deinen Körper herum. Wie feinster, heilsamer Balsam durchströmen sie dich und legen sich wie eine unsichtbare, glitzernde Schutzschicht um alle Sinne.

Sie schirmen die Flut von überflüssigen Eindrücken sanft ab und stärken gleichzeitig alles, was für dich wirklich wichtig ist.

Dein Geist wird klarer, du kannst dich besser konzentrieren und fühlen. Das permanente Gesumme deiner aufgewühlten Gedanken kann sich beruhigen. Deine Sinne und Übersinne finden einen neuen Fokus und freudige Stille. Dein Herz kann kraftvoll und gleichmäßig schlagen, du bist stark verwurzelt und fühlst dich kraftvoller und zufriedener, denn der Frieden aus meiner weißen Quelle ist nun eins mit dir.

Spüre, wie alles in dir und um dich herum lichter und leichter wird. Du kannst dich nun bewusst für alle wichtigen Informationen öffnen, ohne unter ihnen begraben zu werden. Du kannst erleichtert und befreit deine Sensibilität genießen – privat und auch beruflich.

Der Balsamstrom steht dir immer zur Verfügung, wenn du ihn brauchst. Je öfter du ihn nutzt, desto selbstverständlicher wird es für dich. Dann reicht ein Gedanke am Morgen aus, um dich für den ganzen Tag und auch die Nacht in das weiße, glitzernde Licht zu hüllen, damit du voller Freude deine Zeit auf mir genießen kannst."

☆☆☆

Der blaue Strom der göttlichen Kommunikation

Die Verbindung zu Allem-was-ist

„Denjenigen unter euch, die sich bereitwillig als Verbindung zur göttlichen Schöpferquelle zur Verfügung stellen, um anderen Menschen zu helfen, möchte ich eine eigene Kraftquelle anbieten.

Sie ist ein Ort im Erdenherz-Chakra, der wie ein Verstärker wirkt. Er dient dazu, die Worte, Informationen, Gefühle und Signale aus dem Kosmos deutlicher zu empfangen.

In den vergangenen Jahren haben sich neue Zugänge zu bisher verborgenen Informationen geöffnet, und das wird auch weiterhin geschehen. Mit dem wachsenden, stets weiter erwachenden Bewusstsein der Menschheit kann auch neues Wissen auf die Erde gebracht werden. Nutze es weise, wenn du es abrufst.

Über den blauen Strom der göttlichen Kommunikation kannst du eintauchen in die Kraft des Erdenherzens und dich in meinem Inneren in den Tempel der göttlichen Verbindung begeben. Dort fällt es dir leicht, ganz klar und konzentriert die Botschaften zu empfangen, die du brauchst.

Reise in den Tempel der göttlichen Verbindung

„Wenn du mit der Quelle selbst oder anderen Wesenheiten kommunizieren möchtest, erlaube dir innere Ruhe und auch äußere Stille. So fällt es deinen Sinnen leichter, sich für die einströmenden Informationen zu öffnen.

Solltest du dich unruhig fühlen, kannst du vorab in den weißen Balsamstrom des Friedens eintauchen, um deinen Fokus besser ausrichten zu können.

Ein kurzes Gebet im Tempel der medialen Verbindung öffnet deine Sinne noch weiter, sodass die Botschaften klarer und deutlicher in dein Herz fließen können.

In diesem Tempel streifst du das Ego beim Eintreten ab. Sei dir dessen bewusst. Wenn du dich als Kanal für andere Menschen zur Verfügung stellst, sollte es aus bedingungsloser Liebe geschehen. Du darfst natürlich dein Potenzial auch als deinen Verdienst zum Lebensunterhalt nutzen, doch die Basis sollte nicht die Gier, sondern der Wunsch zur Unterstützung der Menschen sein.

Wenn du den Tempel betrittst, stelle also bewusst dein Ego vor dem Eingang ab und bitte es, sich dort vergnüglich die Zeit zu vertreiben, bis du aus dem Heilstrom wieder ins Alltagsbewusstsein zurückkehrst.

Dann tritt ein, lass den Alltag los und gib dich dem blauen Strom der Quelle hin, die dir den richtigen Weg zu den Informationen zeigt, die du brauchst. Danke für alles, was kommt, und erlaube dir, dass dich die Worte, Bilder oder Gefühle so erreichen, dass es dir leichtfällt und du Freude daran hast.

Formuliere in deinem Herzen nun den Wunsch, mit welcher Quelle du genau sprechen möchtest. Je klarer du wählst, desto deutlicher fließen die Informationen. Mit diesem Wunsch kannst du nun eintauchen in mein Erdenherz-Chakra und den Tempel der Verbindung betreten. Er formt sich nach deinen Wünschen. Ob als gemütliches Zimmer, große Halle oder ein Platz im Olymp – das Wichtigste ist, dass du dich wohlfühlst und entspannen kannst.

Mache es dir bequem. Spüre dein gesamtes Sein als Mensch und Seele. Atme tief und gleichmäßig.

Nun öffne den Sinn, der dir am leichtesten fällt: hören, sehen, fühlen.

Die Energie im Tempel der Verbindung umströmt dich mit blauer, ruhiger Energie. Sie richtet deine Wahrnehmung so klar aus, dass es dir sehr leichtfällt, alles, was du aufnimmst, deutlich aufzunehmen, auszusprechen oder niederzuschreiben. Im Tempel der Verbindung stehen dir auch hilfreiche Wesen zur Verfügung, die dich in Schutz und Liebe hüllen, damit du dich sicher und geborgen fühlen kannst. Auch das erleichtert es deinem menschlichen Sein, Kanal zu sein.

Genieße die verstärkende Energie dieses heiligen Ortes und lass sie durch dein gesamtes Sein fließen.

Wenn du deine Botschaft empfangen hast, kannst du dich bei allen Helfern und der Quelle der Informationen bedanken. Das verstärkt jedes Mal die Kraft, die du dort spürst.

Kehre danach achtsam und langsam zurück in dein menschliches Bewusstsein, trenne die Verbindung mit einem liebevollen Gedanken und sei wieder ganz für dich. Diese Trennung ist wichtig, damit du nicht permanent „online" bist. Auf die Dauer wird dein Körper-Geist-System sonst zu stark beansprucht, und du brennst aus.

Erlaube dir immer wieder heilsame Zeiten der Ruhe. Ob du in den grünen Strom der Heilung eintauchst, den weißen Balsamstrom des Friedens oder irdische Freuden genießt: Sorge gut für dich, denn der Dienst für die Menschen fordert auch einen Ausgleich durch Freude und Genuss. Danke, dass du als Verbindung zwischen Himmel und Erde dienst."

☆☆☆

Praktische Anwendungen im Alltag

Es ist wirklich schön und heilsam, mit dem Erdenherz-Chakra zu arbeiten. Während ich an diesem Buch geschrieben habe, habe ich jeden Tag Übungen ausprobiert, die ich von der Erde geschenkt bekommen habe. Und immer noch kommen kleine, neue Details hinzu.

Um meine persönlichen Erkenntnisse und Übungen als Anschauung zur Verfügung zu stellen, notiere ich sie hier für dich, wie ich sie praktiziere.

Wenn dich eine Übung anspricht, probiere sie einfach aus, ob sie dir guttut. Jede Variationsmöglichkeit – ob Körperhaltung, Uhrzeit oder Ähnliches, die sie dir angenehmer macht, ist richtig. Gefällt sie dir und tut dir gut, kannst du sie in deinen Alltag integrieren. Meine Erfahrung nach über vierzehn Jahren spiritueller Praxis zeigt, dass die Methoden am besten wirken, die Spaß machen und uns leichtfallen.

Morgenmeditation

Diese Übung ist am einfachsten, wenn sie im Liegen direkt nach dem Aufwachen oder im Meditationssitz gemacht wird. Ich liebe es, sie morgens als Allererstes zu machen, denn dann rattert mein Verstand nicht schon im „Arbeitsmodus“ und lässt meinem Herzen, meiner Seele und meinen Gefühlen noch viel Raum.

Ich setze mich bequem hin, schließe die Augen, atme ganz tief ein und aus und spüre meinen Körper von Kopf bis Fuß. Ich lausche eine Weile den Geräuschen um mich herum und spüre in mein Herz, bis ich mich ganz entspanne. Meine Hände halte ich in einem Mudra[6], wie es intuitiv am besten passt.

Ich begrüße den Tag, das Leben, Gott, die Erde und alle meine irdischen und himmlischen Helfer voller Freude und Dankbarkeit.

Dann stelle ich mir vor, dass leuchtende Energiefäden wie Wurzeln aus meinem Körper in die Erde wachsen, bis mitten hinein ins Erdenherz-Chakra. Ich stelle es mir als einen riesigen runden Raum mitten im Erdkern vor, in dem die Tempel, die Heilströme und die Erdenbibliothek platziert sind. Von oben blicke ich auf diese Energiezentren hinab, betrachte sie eine Weile, bis ich sie voll visualisiert habe, und verbinde mich dann nacheinander mit jedem von ihnen. Ich spüre ihre Kräfte ganz deutlich. Meine Energiefäden sind nun überall zart, aber stark verankert.

Jetzt atme ich ganz bewusst all die Energien in meinen Körper hinein: Liebe, Heilung, Selbstermächtigung, Frieden, Anbindung und für mich aktuell wichtige Informationen. In ihren entsprechenden Farben strömen diese Kräfte durch meine Energiefäden in meinen Körper und verteilen sich dort. Sie fließen in jede meiner Zellen.

Dieser Vorgang ist sehr intensiv. Allein schon das tiefe Atmen erfrischt mich und tankt meinen Körper mit neuer Energie auf. Oft bewege ich meinen Bauch entsprechend: Beim Einatmen sauge ich die Erdenkräfte ein und dehne ihn dabei aus, beim Ausatmen verteile ich die Kräfte in meinem Körper und ziehe den Bauch ein, so weit ich kann. Diese Art der Atmung ist uralt und grundsätzlich zur Auffrischung der Energien gedacht. So kann ich beides wundervoll kombinieren.

---

6 Handhaltung, die verschiedene Meridiane aktiviert

Wenn ich das Gefühl habe, dass mein kompletter Körper aufgefüllt ist, lasse ich die bunten Energien in meine Aura und meinen Geist fließen, die ich um mich herum wahrnehme. Dazu stelle ich mir eine runde Blase aus meiner Seelen-Energie vor, die mich zeitlebens umgibt, mich beschützt und sich je nach Wunsch ausdehnen lässt.

Wie ein Regenbogen-Nebel verteile ich die Erdenkräfte in dieser Kugel, die mich umhüllt, bis ich fühle, dass auch meine Aura und mein Geist erfrischt und aufgeladen sind.

Als Nächstes dehne ich diese Regenbogen-Energie immer weiter aus: über den Ort, an dem ich lebe, über das Land, die ganze Erde, bis hinein in den Kosmos. Auf diese einfache Weise verbinde ich mich mit allem, was mich umgibt, und verteile bewusst diese natürlichen, nährenden und heilsamen Energien. So unterstütze ich gewissermaßen „nebenbei" auch meine Mitgeschöpfe.

Zuletzt setze ich mich ganz bewusst auf meinen Thron der Selbstermächtigung und fühle meine eigene Schöpferkraft und Tatkraft. Ich fühle mein Selbst-Bewusst-Sein, mein Potenzial und meine Möglichkeiten.

Nun bin ich gestärkt, erfrischt, aufgetankt und ganz entspannt. Mit dieser inneren Gelassenheit kann ich mich bewusst auf den Tag einlassen, mein Herz für die Abenteuer und Wunder des Lebens öffnen und mit Zuversicht und Zufriedenheit starten.

Erste Hilfe

Es kommt vor, dass unser Leben uns Prüfungen vor die Füße wirft, mit denen wir weder rechnen noch sie bewusst eingeladen haben. Ob es Begegnungen mit anderen Menschen, überraschende Ereignisse oder schlicht der Alltag mit seinen großen und kleinen Herausforderungen ist – manchmal brauchen wir innerhalb von Sekunden Hilfe.

Ist dann niemand in der Nähe, den wir um Hilfe bitten können, oder reicht einfach die Zeit nicht, ist es sehr angenehm, sich sofort und vor allem anderen mit dem Erdenherz-Chakra zu verbinden.

Diese Verbindung bringt Stabilität, gleicht einen Schock aus, gibt Kraft und bringt dich auf schnelle und einfache Weise zurück in deine Macht. Du wirst vom Opfer zum Schöpfer und kannst voller Selbstvertrauen reagieren. In dem Wissen, dass die Erde dich immer liebevoll unterstützt, kannst du gelassener handeln und Entscheidungen treffen, die dir und allen Beteiligten zum Besten dienen.

Es ist Übungssache, in solchen Momenten der Herausforderung daran zu denken, doch wenn dir bewusst ist, wie gut es hilft, wird es irgendwann automatisch zu einem Teil deines Lebens.

Während ich an diesem Buch schrieb, durchlief ich sehr heftige Prüfungen. Dank meiner neuen Verbindung zum Erdenherz-Chakra fielen mir diese Prozesse deutlich leichter als früher. Als sehr sensibler Mensch und mit meiner Kindheitsprägung gerate ich trotz umfangreicher Aufarbeitung meines Lebens immer noch manchmal in die Situation, dass ich in meine alte Opferhaltung zurückfalle und dann ganz und gar hilflos bin. Dank der in diesem Buch beschriebenen Übungen und Erkenntnisse habe ich meine Opferhaltung deutlich reduziert und bin im Alltag viel stabiler.

Pflanzen und Tiere unterstützen

Ich liebe meine Mitgeschöpfe – ob pflanzlich oder tierisch. Deshalb helfe ich ihnen, so gut ich kann, wenn ich sie leiden sehe. Natürlich frage ich zuerst, ob ich überhaupt helfen kann und darf. Ist das der Fall, frage ich meine Seele und meinen Schutzengel, was ich tun kann.

Mit Unterstützung des Erdenherz-Chakras kann ich noch leichter dienen:

Befindet sich die Pflanze oder das Tier direkt bei mir, kann ich meine Hände auflegen beziehungsweise sie in einem Abstand, der sich gut anfühlt, in dessen Aura halten. Aus der Ferne funktioniert es ebenfalls, indem ich mir genau vorstelle, wem ich helfen möchte.

Dann verbinde ich mich mit dem Erdenherz-Chakra und dem grünen Heilstrom. Ich stelle mich als reinen, sauberen Kanal zur Verfügung, durch den nun die heilsame, nährende Kraft der Erde verstärkt in die Pflanze oder das Tier fließen kann.

Selbstverständlich ist jedes Geschöpf zu jeder Zeit mit der Erde und der Schöpferquelle verbunden. Wenn es jedoch auf irgendeine Weise krank ist und leidet, ist diese Verbindung unterbrochen. Falls ich helfen darf und es im Einklang mit der Schöpfung ist, stelle ich die Verbindung wieder her.

Jetzt kann die frische Kraft der Erde, aus der alles in die Materie geboren wurde, was auf ihr lebt, wieder neu in Fluss kommen. Ich halte alle Erwartungen meinerseits aus diesem Prozess heraus und wünsche einfach, dass das geschieht, was richtig und wichtig ist. Auf diese Weise manipuliere ich nicht, sondern lasse einfach bedingungslose Liebe fließen.

Jedes Geschöpf dieser Erde hat seinen Lebensplan. Das gilt es immer zu respektieren. Wir können einander maximal Hinweise geben oder uns dabei unterstützen, die Prozesse und Prüfungen des Lebens mit mehr Energie zu meistern.

☆☆☆

Nachwort und Danksagung

Es war mir ein Vergnügen und eine heilsame Erfahrung, diese Texte niederzuschreiben. Vieles ist in den Wochen geschehen, in denen sie geflossen sind. Ich durfte eine intensive Transformation durchleben, die ich jedem Menschen wünsche. Wir leben in einer so faszinierenden Zeit und hatten noch nie – bezogen auf die gesamte Menschheitsgeschichte – so viele Möglichkeiten, uns zu entwickeln.

Ich wünsche mir von Herzen, dass du positive Anregungen für dein Leben erhalten hast und nun deinen ganz persönlichen Weg noch kraftvoller und entspannter genießen kannst.

Wir alle sind ein Teil dieser Erde und entscheiden jeden Tag, was wir aus diesem Geschenk des Lebens machen.

Ich möchte drei Menschen danken, die mich ermutigt haben, dieses kleine Buch zu schreiben und zu veröffentlichen. Sie haben den Text vorab gelesen und mir wichtige Impulse zur Verfeinerung gegeben:

Ich danke meinem Mann Siranus, der mir den Schlüssel zu meinem Selbstwert und meiner Selbstliebe geschenkt hat. Nur dadurch hatte ich den Mut, 2009 mit meinen Texten an die Öffentlichkeit zu gehen. Er hat die Erdentexte gelesen, mit mir besprochen und sogar selbst wichtige Impulse für neue Seminare dadurch bekommen.

Anja Frenzel macht großartige Heilarbeit mit Kindern und Erwachsenen. Sie hat mir schon bei meinem Burn-out-Buch „Spirituell & ausgebrannt“[7] wunderbare Hilfe geleistet und auch dieses Mal mit ihren klugen Fragen und Hinweisen viele wertvolle Impulse gegeben.

Meine liebe Freundin Heike Liske ist eine tolle Heilerin und hat mit großem Enthusiasmus die vielen Übungen ausprobiert. Ihr Feedback hat mir sehr geholfen.

Danke euch allen!

Mehr zu mir, meiner ganzheitlichen Arbeit, meinen Büchern und Bildern findest du unter

www.sonja-ariel.com

---

7 Erschienen im Smaragd Verlag

Über Sonja Ariel von Staden

Sonja Ariel von Staden ist Jahrgang 1969 und seit ihrer Kindheit künstlerisch wirkend. Ihr größter Antrieb sind das Gefühl und die Liebe. Worte und Bilder bringen zum Ausdruck, wie die Umwelt sie formt und die Liebe zum Leben – selbst in stürmischen Zeiten – Kraft für Veränderung gibt.

Als gelernte Grafikerin ging sie mit einer eigenen Werbeagentur zunächst „normale" Wege, bis Berufung und Bestimmung laut forderten, sich als spirituelle, ganzheitliche Künstlerin, Autorin und Lehrerin zu zeigen. 2001 erlebte sie durch eine tiefe Lebenskrise ihre persönliche Wiedererweckung in ihr Dasein als Engel in Menschengestalt.

Aus ihrer Neu-Verbindung zur göttlichen Quelle enstehen Bilder zu vielen Themen, unter anderem Engel, Einhörner, Elfen und Sternentore. Besonders gerne malt sie persönliche Schutzengel-Bilder, Engel-Heilerbilder und Meisteressenz-Bilder für Menschen, die sich auf den Weg ihres wahren Seins begeben.

Mit ihrer tiefen Verbindung zu den Menschen, den Engeln und der Natur ist Sonja Ariel eine moderne, ganzheitliche und zugleich bodenständige Philosophin, deren größte Freude es ist, den Menschen Kraft und Zuversicht zu vermitteln, damit jeder Mesch die eigenen Gaben und Potenziale erkennen und leben kann.

Sonja Ariel von Staden

Das Erdenherz-Chakra

Meditationen

CD, Laufzeit ca. 60 Minuten

ISBN 978-3-95531-111-7

Wunderschöne und kraftvolle Meditationen zum gleichnamigen Buch. Genieße die Kraft der neuen Energieressource des Erdenherz-Chakras, das sich im Jahr 2014 entwickelt und geöffnet hat, damit alle Menschen mit Gelassenheit und innerer Stabilität in eine neue Dimension der Erkenntnis und Liebe eintauchen können.

Die Erde selbst schenkt dir mit diesen Meditationen viele Impulse für ein glückliches Leben. Sie vermittelt diese auf leichte, klare Weise an alle, die offen für die Weisheit unseres Heimatplaneten sind.

Völlig neue und verstärkte Möglichkeiten, den Kontakt zur Erde bewusst zu erleben und zu genießen.

Sonja Ariel von Staden

Spirituell und ausgebrannt

296 Seiten, A5, broschiert

ISBN 978-3-95531-059-2

Die bekannte Autorin Sonja Ariel von Staden spricht liebevoll, aber dennoch klar und deutlich zu einem der brisantesten Themen dieser Zeit: dem Burn-out-Syndrom. Dieses weltweite Phänomen der „zivilisierten" Welt zeigt deutlich, wie sehr sich die Menschheit in eine Sackgasse manövriert hat: Statt ihrem Herzen folgen die meisten Menschen dem Ego, dem Verstand, der Gier oder den Anweisungen anderer. Sie funktionieren, statt zu leben, und wollen um jeden Preis geliebt und anerkannt werden.

Dieses Buch möchte wachrütteln und zeigen, wie wir aus dieser Sackgasse zurück in ein erfülltes, harmonisches Leben finden und unserem Herzen den Job als Chef-Koordinator und Verbindung zu unserer kostbaren Seele zurückgeben können, damit das Leben wieder Spaß macht und diese Welt zu einem Ort des Friedens wird.

Mit einem Vorwort von Susanne Hühn.

Sonja Ariel von Staden
ENGEL
- ganz modern!
Energie und Liebe
für ein glückliches Leben
Smaragd